황분란 수필집

내 마음의 숲을 가꾸며

소소리

내 마음의 숲을 가꾸며

황분란 수필집

1판 1쇄 인쇄/ 2023년 10월 11일
1판 1쇄 발행/ 2023년 10월 16일

지은이 / 황분란
펴낸이 / 우희정
펴낸곳 / 도서출판 소소리

등록 / 제300-2007-21호
주소 03073 서울 종로구 성균관로5길 39-16
전화 / 765-5663, 010-4265-5663
e-mail: sosori39@hanmail.net
www.sosori.net

값 14,000원

*잘못된 책은 바꿔드립니다.

ISBN 979-11-5891-189-8   03810

내 마음의 숲을 가꾸며

황분란 수필집

책을 내면서

글을 쓴다는 것은

　마음속으로만 생각해왔던 수필집을 이제 펴낼 때가 되었다고 생각했다. 오랫동안 컴퓨터 안에만 갇혀있던 말들이 세상 밖으로 내보내 달라고 소리를 지르는 듯했다.
　그러나 '아직은'이라는 마음이 앞서 조심스러웠다.
　말이 어두운 우리 몸 안에 숨어있으면 답답할지도 모른다. 가두어 두면 욕이 되거나 짜증, 병이 될 수도 있으니 말이다.
　요즈음은 생활 속에서 보며 듣고 느낀 이야기와 타협 중이다. 한 권의 책을 세상 밖으로 내보내면 누군가에게 즐거움을 주고 공감을 끌어낼 수 있겠느냐고 자신에게 물어볼 때가 있다.
　어떤 일이건 프로가 있고 아마추어가 있기 마련이다. 아마가 풀어놓은 조금 서툴러도 진솔한 이야기가 감동적일 수도 있다며 용기를 주는 선배 문인들에게 힘을 얻는다.
　설익은 글이나마 한 권의 책으로 묶어 감히 세상에 내놓으려 한다. 마음은 있어도 자신이 없어 망설이는 이들에게 희망을 주고 싶다. 여기 묶은 글은 1990년대부터 차곡차곡 모아온 것이다. 비록 화려한 메타포는 없어도 그때그때 있는 그대로를 솔직하게 표현하려고 노력했다.

  영국 속담에 '책이 없는 궁전에 사는 것보다 책이 있는 마구간에서 사는 것이 낫다'라는 말이 있다. 독서를 생활화하라는 말일 거다. 글을 읽고 쓴다는 것은 내게는 새벽이슬만큼이나 신선하고 감동적이며 즐거운 일이다. 앞으로 얼마나 더 글을 쓸 수 있을지 모르겠으나 쉬지 않겠다. 삶이 계속되는 한 소소한 기록은 이어질 것이다. 감각이 무뎌지지 않게 늘 세상사에 감각을 열어두겠다.

  문학이라는 편안한 그늘을 만들어 주고 글을 쓸 수 있도록 용기를 북돋아주신 오병훈 선생님께 감사의 말씀을 드린다.

  책을 낸다고 했을 때 가장 먼저 기뻐해준 가족들이 있다. 남편의 지지와 딸 한승주의 응원이 큰 힘이 됐다. 사위 나현철, 내가 키운 손자 웅찬, 하연, 호연. 이들이 나의 힘이다.

  영국에 살고 있어도 늘 관심과 응원을 보내주는 아들 한재규 며느리 이수희, 내가 키워 줄 수는 없었지만 키워준 이상으로 살가운 정을 주는 서영, 서인, 지용은 내가 살아가는 희망이다.

2023년 시월

백악산 자락에서 **황분란**

▷ 차 례

▷ 책을 내면서

1. 아버지의 흙 묻은 손

그 녀석의 눈동자 ― · 12
아버지의 흙 묻은 손 ― · 17
술병을 바라보며 ― · 22
정글북 ― · 27
선거 후유증 ― · 31
반려식물 ― · 35
부부간의 대화 ― · 38
손주들의 성장 ― · 42
두메산골 등굣길 ― · 47
엄마라는 이름으로 ― · 52
자신에게 감사할 때 ― · 57
칭찬을 아끼고 싶을 때 ― · 62
팔각정 ― · 66

2. 멋진 미래를 꿈꾸며

멋진 미래를 꿈꾸며 —·70
어머니의 은비녀 —·74
해병대 자원한 아들 —·78
월세방 —·83
막걸리와 건배사 —·89
즐거운 유언 —·93
재활용하는 페트병 —·97
사진 한 장 —·101
걸음마 —·106
오래된 인연 —·110
흐린 날의 종로 풍경 —·114
오른손이 왼손에게 묻다 —·117

3. 공항에서 온 편지

공항에서 온 편지 — · 124
파도타기 인생 — · 129
백년손님과 담배 — · 133
손주들이 자라는 모습 — · 137
인정 많은 형부 — · 141
미역 옹심이 — · 145
가족사진 찍던 날 — · 149
꺼지지 않는 열정 — · 153
사춘기 손녀딸 — · 158
선거운동 — · 164
금강산 관광 — · 168
아버지의 소 — · 172
진정한 혼수 — · 176

4. 대장장이의 자부심

아들의 정성 ─·182
내 사촌, 내 친구 영전에 ─·186
대장장이의 자부심 ─·190
시래기 맛 ─·194
효심 ─·199
취미생활 ─·203
한문에 약한 신세대 ─·208
실버바리스타 ─·212
생강차를 끓이며 ─·217
창덕궁, 손녀와 데이트 ─·221
행복을 주는 서인아 ─·224

5. 내 마음의 숲을 가꾸며

그리운 고향의 여름 —·228
내 마음의 숲을 가꾸며 —·232
요세미티국립공원 —·238
밀랍 인형 전시관에서 —·243
창경궁의 아침 —·248
여행의 조건 —·252
창덕궁 달빛 기행 —·256
긍정의 힘 —·260
막내조카 —·264
아들 한도반 —·269

오병훈 ‖ 글쓰기는 인간성을 그리는 작업 —·271

아버지의 흙 묻은 손

그 녀석의 눈동자

 요즘은 애완견이 아니라 반려견이라고 한다. 인생의 동반자라고도 부른다. 그러나 개인적으로 개를 싫어하다 보니 지나친 애견인을 보면 나도 모르게 고개를 돌리게 된다.
 젊은 시절, 무슨 일이 있어도 강아지는 가까이하지 않으리라는 마음으로 반려견은 남의 일로만 여겨왔다. 그러던 어느 날 남편이 퇴근길에 강아지 한 마리를 데려왔다. 백설 같은 털을 가진 그 녀석을 품에서 내려놓았다. 이름도 생김새대로 백곰이라 불렀다. 진돗개 백구였다. 태어난 지 얼마 되었는지는 몰라도 녀석은 덩치가 커서 겨우 며칠만 방안에 지내다가 밖으로 밀려났다.
 남편은 결혼 전부터 퇴근 후에는 개를 앞세워 동네 한 바퀴를 돌고 싶다고 말하곤 했다. 하지만 그건 오래전 이야기로 잊고 살아왔던 터라 새삼 우리 집에 개가 입주하게 될 줄은 상상도 못 했다. 더구나 딸은 길을 가다가 멀리서 오는 개만 봐도 피할 곳을 찾을 정도로 개를 싫어하고 무서워했다.

그래도 어쩔 수 없이 한솥밥을 먹는 식구로 받아들였다. 진돗개는 영리해서 그런지 눈치껏 잘 행동하는 것이 그럭저럭 지낼만했다.

남편은 집에 들어오자마자 백곰부터 부르고 한바탕 장난을 치고 난 뒤 집안으로 들어섰다. 사람보다 백곰 밥을 먼저 주니 자연히 군림하는 양 빼기고 있다. 앞발을 당당하게 세우고 표정에는 한결 여유가 있었다.

몇 개월 지난 뒤 남편은 백곰과 외출에서 돌아온 후 3개월만 있으면 출산할 것이라고 했다. 좋은 짝을 찾느라 먼 곳도 아랑곳하지 않고 다녀온 모양이었다. 덩치가 있어서 그런지 외모가 별반 달라진 것도 없어 조금은 궁금했다. 그런데 예상했던 날짜가 돌아오니 마당에서 어슬렁거리던 백곰이 집안에 자리를 잡더니 강아지 소리가 났다. 남편에게 "백곰 아빠! 이리 와 봐요." 하며 놀라 소리를 질렀다.

그때 이제껏 접하지 못했던 자상한 남편의 다른 면을 봤다. 미역국을 끓이라고 하고 수건을 들고 정성스레 내리 여덟 마리를 받아냈다. 소리도 없이 많은 새끼를 출산했으니 미역국에 뜨겁지 않게 밥을 말아 대접했다.

혼자 기거하던 집에 갑자기 많은 새끼를 거느리게 된 어미는 누울 자리가 좁다고, 젖을 먹겠다고 달려드는 새끼들을 한쪽으로 모아놓고 순간적으로 바로 누웠다. 한 마리도 다치지 않게 움직이는 행동이 위대한 엄마의 모습이었다. 틈틈이 하나하나 깨끗하게 핥아주는 모양이 사람이나 다를 바 없었다.

팔 남매로 자라면서 어머니께 들은 이야기가 마음에 남아있었다. 옛날 시골집은 대개 그렇듯 한방에 여럿이 자다 보니 밤에 볼일이 있어 잠깐 일어났다 다시 누우려면 자리가 없어지더라는 것이었다. 백곰이 눕는 모습을 자세히 보니 사람이나 동물이나 자식을 사랑하는 마음은 본능적이라는 생각에 없던 관심이 생겼다.

강아지들이 눈을 뜨고 걸음을 걷기 시작하더니 사방으로 흩어졌다. 한 마리 물어다 놓으면 또 한 마리가 달아나고 걸어다니는 어미 뒤를 따라다니면서 젖을 먹겠다고 다리에 부딪치기도 했지만 발에 밟혀 다치는 일은 없었다. 하얀 목화송이 같은 여덟 마리가 마당에 돌아다니는 모양은 신기했다.

어린 것들은 이제 어미의 품을 떠날 때가 되었다. 소문을 듣고 달라는 사람, 지나가다 문틈으로 보고 갖고 싶다는 사람들이 있어 한 마리씩 떠나보냈다. 애지중지 키운 백곰의 자식 팔 남매가 새 주인을 만나 떠나갈 때 어미의 눈치를 보면서 "네가 힘드니까 보내는 거야." 하는 양해의 말을 중얼거렸다.

예쁘니까 한 마리 달라는 사람도 있었고, 아는 사람을 통해서 멀리서 온 부부는 아기처럼 안고 잘 키우겠다고 약속하면서 봉투까지 손에 쥐여주기도 했다.

그럭저럭 강아지가 거의 분양될 무렵 이사를 하게 됐다. 백곰이 작은 애완견도 아니고 어쩔 수 없이 아는 사람이 키우겠다고 하기에 그 집으로 보내게 되었다.

며칠이 지나도록 밥을 먹지도 않고 밤에는 소리를 지르는 것이 딱하다며 다시 데려가라는 전화를 받았다. 반가운 마음에 밤에 갔더니 백곰은 흐느끼는 소리를 냈다.

키우던 개 앞에서 그렇게 미안할 수도 있을까. 나는 처음으로 백곰의 얼굴을 먼저 보았다. 사실 남편은 데려오기만 했지 밥을 주고 오물을 치우는 것은 내가 담당하다 보니 늘 귀찮은 마음에 각별한 애정은 없었다. 그런데 백곰을 멀리 보낸 후, 그 녀석 앞에 죄인이 된 나는 눈에 글썽이는 눈물을 처음으로 손으로 닦아주었다. 목을 쭉 빼고 얼굴을 비비는데 "미안해."라는 말이 저절로 나왔다.

목줄을 풀어달라고 목을 내밀었다. 풀어주는 순간 냅다 뛰는데 따라갈 수가 없었다. 조금 나가면 큰 도로이고 건널목을 몇 개 건너야 하는 위험한 길이다. 그 때문에 겁이 나서 기진맥진 따라왔지만 다행히 사고 없이 대문 앞에서 기다리고 있었다. 진돗개는 300리나 되는 먼 곳으로 팔려갔다가도 주인을 찾아왔다는 이야기를 들었지만 정말 놀랍다.

며칠 동안 밥그릇도 한쪽으로 치워놓고 오물도 나오지 않으니 얼마나 시원했는데 이 감정은 무엇일까. 이놈은 사람이 먼저 먹는 소리가 나면 양은 밥그릇을 물어 던지고 발로 차고 야단이기 때문에 늘 어른처럼 먼저 주고야 마음 놓고 밥을 먹을 수 있었다.

 많던 새끼도 다 없어지고 혼자 남은 백곰은 왠지 독거노인처럼 쓸쓸해 보였다. 눈같이 희고 윤기 있던 털도 꺼칠하고 색깔도 약간 누르스름하게 퇴색된 느낌이었다.

 생명이 있는 모든 것은 노후가 추하게 된다는 것을 백곰에서도 확인했다. 말을 하지 못할 뿐 눈을 가만히 쳐다보고 있으면 '내 새끼들은 다 어디로 갔느냐?'고 묻는 듯했다.

 그 후 보내지 않으면 안 될 형편에 따라 정원 지킴이로 키우겠다는 사람에게 굳은 약속을 받고 보내게 되었다. 두 번째의 이별을 예견한 백곰은 아무런 저항도 하지 않고 쓸쓸한 눈빛을 남기고 차에 오른 뒤 떠났다. 무덤덤하게 만났고 귀찮을 거로 생각했다가 이런 이별을 하게 될 줄은 몰랐다. 새끼를 돌볼 때 자애로웠던 눈빛, 장난칠 땐 개구쟁이 같던 눈동자, 헤어질 때 눈물이 맺혀 애처롭던 그 눈을 잊을 수가 없다.

 꼭 한번 보러 가겠다고 다짐한 약속을 지키지 못했기에 오랫동안 가슴 한구석이 불편했다. 마지막으로 그 녀석과 주고받은 눈빛은 사람과의 헤어짐보다 더 많은 이야기가 담겨있다. 다시는 애완견이란 말로 인연을 맺지 않겠다고 마음속으로 다짐했다.

아버지의 흙 묻은 손

　딸을 많아 낳아주신 어머니 아버지께 늘 감사한 마음이다. 딸 부잣집이라고 했지만 그 시절 딸 일곱 자매는 허다했다. 부모님은 고생스럽게 키우셨겠지만 우리는 모두 건강하게 자라서 오늘도 각처에서 제 몫을 다하며 살고 있다. 아직도 공주 모임이라고 부르며 애교스러운 후원금과 이모들의 불편한 차편을 도와주는 예쁜 질녀들에게 감사하는 마음이다.
　황혼을 바라보는 형제들이 2박 3일간 한자리에 모여 옛날이야기 꽃을 피웠다. 근면 성실하게 살아오신 부모님의 이야기는 끝이 없다. 많은 딸에게 쏟은 정성은 남달랐다. 이 시대의 아들딸 한두 명을 둔 아빠들과 방법은 달랐지만 부모님의 그늘은 늘 편안했다.
　이번 모임은 부모님의 산소를 찾아보기로 했다. 하지만 몇 년 사이 나무가 많이 자랐고 산길도 험해졌다. 이제 딸들은 아버지가 돌아가실 때의 연세보다도 사십 년을 더 오래 산 이도 있다. 건강이 따라주지 않아서 서로서로 용서를 구하고 산소 가까이 왔으니 흙을 한 줌씩 들고 부모님께 인사를 대신하기로 했다. 차가 지나다니는 길옆에 신문지를 깔았다. 컵에다 소주를 붓고 과자 상자도 포장을 뜯어 나란히 놓았다. 평균 나이 팔십을 바라보는 딸들은 불편한 다리가 따라주는 데까지 엎드려 절을 올렸다.

어려웠던 시절 많은 자식을 키워내는 일은 오로지 흙에 의존하는 일 외엔 다른 방법이 없었다. 부지런해야 자식들을 배고프지 않게 키울 수 있을 때였다. 흙은 누구를 속이거나 실망하지 않게 한다고 굳게 믿으신 아버지는 아침부터 저녁까지 흙과 함께하셨다. 하루 일을 끝내고 집으로 오실 때면 다리에 흙이 덕지덕지 달라붙은 아버지는 샘물에 고단함을 씻어냈다.

부지런했던 아버지는 많은 자식을 더 좋은 환경에서 키우기 위해 농사를 하면서도 사기그릇 공장까지 운영하셨다. 그릇을 구울 가마를 만들고 좋은 흙을 선별하여 그릇을 빚었다. 물레를 돌리면서 수백 번의 제작 과정을 거쳐 가마 속에 그릇을 넣었다. 천(千)도가 넘는 고통스러운 시간을 견디어낸 그릇에 유약을 발라 더 뜨거운 온도로 구우면 사기그릇이 탄생했다. 반짝반짝 윤이 나는 그릇에는 꽃 그림도 있고 물고기, 나뭇잎 그림도 있었다. 그릇에는 밥주발과 대접, 주전자도 있었고 작은 간장 종지와 요강도 있었다. 가마 뒤에는 마음에 들지 않으면 미련 없이 깨어버린 사기그릇이 쌓여 있었다. 그런 것이 아버지의 장인정신을 말해주는 것이었으리라.

그렇게 소중한 아버지의 그릇들이 그때는 귀하게 대접받지 못했다. 잘 깨진다는 험담을 하며 양은그릇이 나오자 뒤로 밀려났다. 그릇이 어떻게 태어났다는 것도 아버지의 피땀도 그렇게 무시를 당했으리라.

그릇을 만들 흙을 소 등짐에 싣고 오시면 늦은 저녁상을 받으셨다. 어머니가 준비한 막걸리 한 사발도 빠지지 않았다. 두 분이 마주 앉아 오늘에 있었던 이야기를 두런두런하던 모습이 아직도 눈에 선하다. 아랫목에 누워 자거나 아버지를 기다렸던 딸들을 보며 어머니가 이렇게 많은 딸을 언제 다 시집보내느냐고 걱정하셨다. 아버지는 아무리 많아도 한꺼번에 보내는 것이 아니라 차례차례 하나씩 보낼 텐데 무슨 걱정이냐고 하셨다. 늘 너그러운 대화를 들은 우리는 부모님들은 다 그런 줄만 알고 자랐다. 아버지가 힘들게 일하시는 것을 헤아릴 줄 모르고 그저 지나가는 이야기로 들었던 철부지들은 사기그릇 이야기가 나오면 가슴이 찡하다.

요즘에는 도자기를 만드는 사기장을 작가라며 반드시 선생 칭호를 붙여준다. 그만큼 도공이 존경받는 시대가 되었다. 우리 아버지도 요즘에 활동하셨다면 세상이 존경하는 도자기 명장이 되었을 것이다.

보물 같은 그릇 중에 기억에 남는 것은 아버지의 택호를 쓴 술병이 오래도록 유작으로 남아있었다. 많은 그릇을 간직하지 못한 딸들은 어쩌다 고운 흙을 보면 아버지가 생각난다.

흙에서 태어나 흙은 가꾸며 많은 자식 키우느라 뼈가 부서지는 것도 감수하며 부모로서의 책무를 다하신 당신을 존경하고 사랑하지 않을 수 없다. 그때는 우리 자매들이 부모님의 어떤 재능을 닮았는지 몰랐는데 각자 할 줄 아는 특기를 찾다 보니 어머니의 바느질 솜씨를 꼭 닮은 언니가 있고 음식솜씨를 본받은 언니도 있다. 외모부터 하는 행동까지 아버지를 꼭 닮은 여섯째 딸인 나는 아버지가 쓰시던 왼손잡이 호미를 잡으면 내 손에 딱 맞았다.

우리 형제는 남들에게 딱히 자랑할 것도 없다. 그렇다고 못난이라고 흉볼 것도 없다. 그저 부모님을 닮아 평범하게 살아온 우리는 남들에게 흙 같은 존재가 되고 싶다.

이번 형제들 모임에서 가장 잘한 것이라면 비록 산소 앞까지는 못 갔지만 부모님께 다시 한 번 감사하는 기회가 된 것이었으리라. 일기 예보에서 비가 올 거라는 뉴스를 봤다.

서둘러 나선 덕에 차에 오르자 빗방울이 떨어졌다. 형제들이 건강하게 살고 있다는 것을 감사하게 생각하며 위안 삼아 차 안에서 노래를 불렀다.

    어머님의 손을 놓고 돌아설 때엔
    부엉새도 울었다오 나도 울었소

가랑잎이 휘날리는 산마루턱을
넘어오던 그날 밤이 그리웁고나
- 호동아 작사 -

  부모님이 그랬듯이 우리도 흙을 가까이하며 가꾸는 삶을 누리고 싶다. 나이가 들면서 차츰 고향을 생각하게 되고 내가 태어난 곳으로 돌아가고 싶은 마음은 동물적 귀소본능 때문만은 아니리라. 삶에 지친 어머니의 좁은 어깨와 아버지의 흙 묻은 손발을 생각하면 언제나 눈시울을 적시게 된다.
  나도 부모님처럼 성실했던 모습을 아들딸들에게 보여주리라.

술병을 바라보며

 택배가 왔다고 벨소리가 울렸다. 내용이야 어떻든 우선 반가운 마음에 들고 들어왔다. 보낸 분의 성함을 확인하고 포장지를 보았다. 고급스러운 선물이다 싶으면 우선 포장이 화려하다.
 보자기를 풀었더니 정교한 상자가 나왔다. 술맛을 아는 사람이라면 한 번쯤 들어본 상표의 이름이 보였다. 품격이 느껴지는 색상의 액체가 애주가의 입맛을 다시게 할 것 같다.
 그러나 병뚜껑을 열지 않았다. 우선 두고 볼 수 있는 진열대로 가져갔다. 고급 브랜드일수록 가장 잘 보이는 곳에 두어야 주인공이 될 수 있다. 그 옆에 입주한 지 꽤 오래되어 주인 행세를 하던 술병이 옆으로 자리를 내어주고 말았다. 주연과 조연은 어떻게 순서를 정하는가. 주인이 선호하는 맛의 순서가 되었다가 상표가 주연행세를 하게 되는 것은 아마도 애주가의 기분인 듯하다.

남편은 정리만 해두고 보던 술병 앞에서 술잔을 꺼내 들고 어느 술을 맛볼까 조금 망설였다. 그동안 주인이 찾지 않으니 자리만 지키고 있던 술병이 오늘은 선택을 받을까 기대감에 어깨가 들썩이는 듯했다. 그러나 들여다보기만 할 뿐 어느 술병도 꺼내지는 않았다. 그렇게 즐기던 술도 눈요기로 끝냈다. 과음으로 얻은 병이 다른 사람으로 길들이는 중이다.

직장 생활에 스트레스가 쌓인 가장들은 퇴근길에 한 잔 술은 내일의 재충전을 위해 필요하다고 주장한다. 그들이 찾는 곳은 익숙한 술집이다. 술 한 잔이 들어가면 친구가 좋고 두 잔이 들어가면 분위기가 좋으며 또 한 잔 마시면 어려웠던 일도 풀리리라.

술이란 이 맛에 즐기고 그 덕에 어려움도 이겨냈다. 아무리 취해도 집을 잘 찾아오는 것은 술이 가지고 있는 어떤 힘이었지 싶다. 그러나 술이란 놈은 너무 과했을 때는 심술을 부린다. 늦은 귀가에 자는 아이들은 왜 깨울까. 청결 문제는 뒷전이고 외출복을 벗지 못하고 어정거리기도 했다. 평소에 마음에 두었던 말인지는 몰라도 대답하기 싫은 말도 취기를 틈타 비몽사몽 쏟아낸다.

술 취한 사람은 내버려 두라는 말을 곱씹어 보지만 참 아이가 없다. 화난 마음을 누르며 다음 날 아침에 보자고 미룰 수밖에 없었다.

그러나 다음 날 아침에 지난 밤일을 거론할 시간이 없다. 어쨌든 출근은 시키고 봐야 했으니까.

　이런 세월이 수년이 지나면서 술의 본성이 그런 거라고 참을 인(忍)자를 가까이하면서 살 수밖에…. 술 마신 사람을 미워하다가 술집이 다 망했으면 좋겠다고 대상 없는 미움과 원망을 한 적도 있었다.

　애주가의 마음을 이해하려면 술을 마셔봐야 한다는 것도 알았다. 그러나 어릴 적 아버지가 즐겨 드시던 막걸리는 부드럽고 맛이 좋았다. 농사일의 고단함을 덜어주던 에너지의 원천이었다. 그래서 술은 좋은 음식으로 여겼다. 아버지를 닮은 나는 막걸리 맛도 알고 있었다. 그런데 술을 마신 뒤 아버지와 너무나 다른 남편을 이해하려고 직접적인 체험에 들어갔다.

　집에서 빚은 막걸리보다 소주는 도수가 높고 양주는 더욱 높아 비교할 수가 없을 정도라는 것도 알고 있었다. 도수 높은 술은 우선 향이 좋았다. 조금 따라서 입에 물고 있으면 독특한 알코올 향에 정신이 맑아지는 듯했다. 조금씩 넘기면 술이 닿는 곳마다 짜릿짜릿 위벽을 세척하는 기분이 든다. 그래도 술 마시는 사람을 이해하기 위해서 눈 딱 감고 넘겼다. 기왕 마시는 김에 한 잔을 더 마셔 버렸다. 조금 지나고 나니 세상에 두려울 것이 없었다. 누구를 부르는지 '야'라고 불렀다. 물론 주위에 아무도 없었다. 몰래 나 혼자 마셨으니까.

　물론 남편의 술버릇을 고치리라 기대한 건 아니지만 술은 그렇게 마시는 것이 아니라는 핀잔 한마디만 들었다. 기분 좋게 즐기면 쌓인 스트레스가 풀린다는데 이해해야지 어쩌겠는가. 그러나 올바르지 못한 술버릇으로 불행을 초래한 사람들이 얼마나 많은가.

술의 기원을 찾아보니 재미있었다. 심산의 원숭이가 빚은 술이 곧잘 예화로 등장한다. 나뭇가지가 갈라진 곳이나 바위가 움푹 팬 곳에 원숭이가 저장해둔 과실이 자연 발효되고 그 액체를 배고픈 사람이 마셨다. 그 후 맛이 좋아서 의도적으로 술을 빚었을 거라는 설이 있다. 이런 보약 같은 술을 잘 이용하면 어려운 사회생활에 윤활유가 될 수 있는데 잘못 이용해서 독이 되는 일이 곳곳에서 생기고 있다.

술이 들어있는 병도 있지만 빈 병도 자리를 쉽게 뜨지 못하는 것은 이름 덕이다. 술 때문에 건강이 좋지 않다는 것이 알려지면서 지인들의 술 선물은 끝이 났다. 더는 자리를 채워줄 술이 없는지라 브랜드의 옛정을 잊지 못해 그대로 제 자리를 차지하고 있다.

이름이 알려진 포도주병의 또 다른 쓰임을 봤다. 나름대로 이름이 있다는 레스토랑에 들어갔을 때 테이블마다 포도주 병이 놓여 있었다. 처음 가본 입장에서 여기 오면 무조건 와인을 마셔야 하나 싶어 의아했는데 알고 보니 물병으로 쓰는 것이었다. 빈 병일 뿐인데 분위기가 다른 것이 누구의 아이디어인가 그럴듯하다는 생각이었다.

술병은 자신이 누구에게 해를 입히고 이리 허전한 가슴이 되었냐는 듯 텅 빈 속이 보였다. 술로서 병을 얻은 사람은 술병보다 더욱 텅 빈 자신을 보리라.

　남편은 지난날 절친이었던 알코올의 향이 다시 그를 유혹한다 해도 손사래를 칠 것 같다. 그러나 힘든 시절을 함께한 술을 원망하기보다 자신의 과한 술 욕심을 인정하며 쓸쓸한 표정을 짓는다.

　속을 다 내어주고 빈 몸으로 서 있는 시바스 리갈, 빈병이나마 꿈 많던 젊은 날의 자신도 이제는 빈 가슴이다. 외롭고 어려울 때 함께한 저 빈병들을 이제는 보는 것만으로 옛정을 나누는가. 가끔 빈 술병을 만져보는 그를 대하면 과음을 원망했던 옛일을 다 잊어버리고 싶은 내 속도 빈병처럼 허하고 아리다.

정글북

　이수치열(以水治熱), 더위는 물로 다스리라고 했던가. 체온을 떨어뜨리려니 찬물을 가까이하게 되고 차가운 물도 많이 마시게 된다. 그러나 저마다 피서법이 여러 가지가 있겠지만 더위를 피하는 데는 영화관도 한 몫 한다. 지금 상영 중인 영화 한 편을 보면 '아이언맨'으로 잘 알려진 존 파브로 감독의 '정글북'이다.

　어느 날 아이를 데리고 동굴 속에 왔던 한 남자가 호랑이의 습격을 받아 아이와 아빠가 헤어지게 된다. 이 아이가 자라고 있는 곳은 보기에도 인자하게 생긴 늑대가 여러 마리의 새끼들을 거느리고 평화롭게 사는 정글이다

　그 늑대 가족 속에 빨간색 반바지 차림의 소년이 함께 뒹굴며 사는 모습이 너무나 자연스럽다. 늑대 가족과 함께 자란 모글리라는 이름을 가진 아이다. 늑대 형제로 자라고 있지만 그

렇게 인간 사회 이상으로 화목하게 살고 있다. 그런데 이 아이의 유일한 안식처였던 정글에 시어 칸(호랑이)이 나타나면서 소년을 위협한다.

소년은 어릴 때 아빠와 헤어지게 된 일을 생각한다. 호랑이의 위협에서 벗어나려면 유일한 안식처였던 정글을 떠나야만 했다. 늑대 엄마는 모글리를 인간 세상에 보내서는 안 된다고 호랑이와 맞서보지만 정글은 아이에게 안전한 곳이 아님을 깨닫는다. 그래서 모글리와 헤어지기로 한다. 하지만 늑대 엄마는 언제까지나 기다리겠다며 애잔한 눈빛과 스킨십으로 아쉬운 이별을 한다.

물론 사람과 동물이 어울려서 살 수 있다는 상상 속의 영화지만 참으로 따뜻한 정글의 세계를 감상할 수 있었다.

존 파브로 감독은 주인공인 모글리라는 아역 배우 한 사람만 쓰고 상상 속의 정글은 컴퓨터그래픽으로 처리한 대단한 감독으로 알려져 있다. 정글의 맹수 목소리를 그렇게 부드럽고 인자하게 표현했다. 성우들의 목소리에 마음은 더할 나위 없이 편안하여 관객이 정글이라기보다 따뜻한 인간애를 느끼게 한다.

시각적으로 놀랍기도 하지만 관객을 화면 속으로 빠져들게 한다. 보이는 모든 것이 진짜라고 믿게 된다. 감독의 유머는 물론 감각도 탁월하다.

모글리는 인간 세상으로 돌아가는 길에 가는 곳마다 위험이 따른다. 비단구렁이의 유혹을 받아 위험할 때 도와준 곰은 동물들은 할 수 없고 사람이라야 할 수 있는 어려운 일을 모글리에게 부탁한다. 정글에서 자란 모글리는 어려움을 무릅쓰고 그 일을 도와주면서 친구가 된다. 정글의 제왕인 호랑이도 인간의 계략 앞에는 무너지고 만다. 모글리는 결국 인간 세상에 돌아가지 않고 따뜻한 늑대 가족으로 남는다.

지금은 뉴스 전문 방송이 많다 보니 리모컨을 들기가 무섭게 밤새 일어난 소식을 듣게 된다. 좋은 소식보다도 사건 사고가 시시때때로 나온다. 오늘 아침에도 불상사에 관한 소식부터 터져 나오기에 또 무슨 소식일까 하는 마음에 채널을 저절로 멈추게 된다.

어제도 들었던 소리 같은데도 자세히 보면 또 다른 이야기다. 자식이 부모를 홀대하고 패륜을 저질렀다는 엄청난 소식은 기자들의 마이크와 핸드폰에 저장되어 텔레비전 화면을 통해 마구 쏟아 낸다. 철없는 부모들은 어린아이를 경시하고 부모라는 말이 무색한 짓을 하고도 반성의 빛도 없어 보인다.

다문화가정이나 맞벌이하는 부모들이 그래도 믿고 맡길 수 있는 곳은 어린이집이다. 이런 부모의 마음을 아는지 모르는지 어린이집 교사 중에는 자질이 부족한 이들이 있는 것 같다. 아이들을 학대하는 차마 볼 수 없는 장면들을 뉴스 시간마다 보게 된다.

보건복지부는 맞춤형 보육을 시작하고 어린이집에 대한 감독을 강화한다고 하지만 부모 처지에서는 하루하루가 안타까울 따름이다. 어른들이 어정쩡하게 행동하는 동안 철모르는 아이들은 속수무책으로 당하고 가엽게도 물건처럼 나뒹군다. 동시에 주인 잘 만난 애완견은 예쁜 옷을 입고 수영까지 즐기면서 부잣집 도령 못지않은 대접받는 세상에서 말이다.

　우리는 대가족이 한 울타리 안에서 부모를 공경하고 자식을 사랑하며 살았다. 힘이 들어도 조부모가 손자를 돌보며 살았던 때가 얼마 지나지 않았는데 이제는 이런 어처구니없는 일을 받아들여야만 하는 현실이 안타까울 따름이다. 영화 속 동물의 세계에도 지켜야 할 구호가 있다. '지키면 살고 어기면 죽는다.'라며 모든 동물이 합창한다.

　돌아오는 길에 지킬 것은 지킨다는 정글 속 법칙의 함축된 구호가 자꾸만 뇌리에 맴돈다.

선거 후유증

 이미 고인이 되었지만 그가 스크린 속의 주인공이 되어 다시 태어난 듯했다. 살아생전 그분의 모습이 그리웠던 사람들인지 이른 시간임에도 영화관은 많은 사람이 자리를 메우고 있었다.
 지지율 2퍼센트의 만년 꼴찌 후보였던 노무현이 지지율 1위의 대선후보로 거듭나기까지 과정을 다큐멘터리 형식으로 드라마틱하게 그린 영화다. 변호사, 국회의원, 대통령이었던 노무현의 모습을 볼 수 있었다.
 유권자들을 향해 자신의 지지를 부탁하며 애절하게 호소하던 모습, 때로는 호탕하게 웃는 그에게서 옆집 아저씨와도 같은 친근함을 보았다. 그러나 지난날 그를 지지했던 사람들의 무관심과 배신감은 보는 내내 어깨를 짓누르는 느낌을 지울 수 없었다. 혼자서 헛소리를 하고 헛웃음으로 외로움을 삭이며 걸어가는 모습이 애절하다. 대통령이 되었으면 그런 학벌쯤은 초월

했건만 조금만 마음에 들지 않으면 사람들은 가방끈 운운하며 곱지 않은 시선을 보냈다.

한 나라의 최고 자리에까지 올랐던 사람이지만 자신만의 외로움과 지난 세월을 뒤돌아보면 남모르는 가슴앓이를 했을 것이다. 사법고시를 거쳐 인권 변호사로 약자의 편에 서서 살아온 사람도 어느 대학을 나왔는가를 두고 왈가왈부하면서 기어코 무시의 한계를 넘어 탈진하게 만드는 세상인심이야말로 야속하기만 했다.

선거라는 어마어마한 산은 사람을 다시 태어나게도 하고 벼랑 끝으로 밀어내기도 했다. 벼랑 끝에서 제자리로 돌아오기까지는 힘이 들었을 것이다. 당선된 사람의 기쁨에 함께 기뻐하고 즐거워하고 축하하는 마음으로 들떠 있었다. 그러나 이긴 사람이 있으면 반드시 지는 사람이 있게 마련이다. 같이 출발하여 최선을 다해서 싸웠고 다시는 안 볼 듯 상대방을 험담하면서 결승점까지 왔다. 사력을 다해 싸웠던 만큼 낙선의 아픔도 컸으리라. 긴장감이 높을수록 허탈감과 후유증은 더욱 깊어져 갔다.

그 아픔은 아픔으로 끝나는 것이 아니라 엄청난 후유증으로 남아 남모르게 가슴앓이를 하게 했다. 선거 기간에는 그렇게 당당했던 사람도 낙선 후에는 너무나 초라하게 보였다. 어느 후보는 낙선을 인정하고 당당하려 했지만 끝내 눈시울을 적셨다. 시간이 필요했다. 정당에의 지원을 받지 못하고 외롭게 싸웠던 사람들의 후유증은 끝이 없는 나락일 수도 있었다. 얼마간 시간이 지나 또다시 경쟁을 준비하는 사람들은 잠시 비행기에 오르기도 했다.

젊은 시절 쓰린 가슴을 맛보았던 가족이기에 그들의 표정까지도 지나쳐 보이지 않았다. 최선을 다하고 치열했던 경쟁이 끝나면 패배자의 가족은 딱히 누구라는 상대도 없건만 배신감에 외로움이 밀려왔다. 함께했던 사람들, 그들 또한 허탈함은 당사자와 다를 바가 없고 그분들에게 미안해서 마음 놓고 울 수도 없었다. 그 심정은 겪지 않고는 이해하기 쉽지 않다. 비단 선거의 패배자만 겪는 일이냐고 한다면 대답은 궁색할 것이다.

선거에는 크고 작은 선거가 있다. 대통령 선거에서부터 아파트 동 대표를 선출하는 데도 경쟁이 치열하다. 그러니 '선거란 모름지기 바람을 가장 많이 타는 생물'이라는 말이 있다. 선거를 치른다는 것은 우선 경제적 부담이 따르기에 후유증에서 벗어나기 쉽지 않다. 다잡았던 마음도 허물어진 경제 앞에 맥을 추지 못하고 외로움과 맞설 수밖에 없다.

어떤 일이나 기회를 놓치면 다시 행운이 찾아온다는 보장이 없다. 배움의 기회를 놓친 후유증은 평생을 두고 지울 수 없는 상처로 남는다. 선거에서 진 후유증은 경제적 정신적으로 깊은 상처가 되어 가슴앓이하게 된다. 그렇게 되는 까닭을 되돌아보면 누구나 원망의 대상은 있다. 부모를 잘못 만나서일 수도 있고 태어난 고향일 수도 있다. 그 시절에는 작은 병이라도 나면 병원 치료를 받을 수가 없었기에 배움의 기회를 놓치는 때도 있었다.

세월이 많이 변해서 지금은 누구라도 공부할 수 있다. 정식 코스를 밟지 않고 이런저런 과정을 거쳐 공부해 학사모를 쓴 사람은 외롭다. 명문대를 나왔다는 사람들의 앞에 서면 작아지는 자신을 혼자 달래야 한다. 그들보다 훨씬 더 노력했지만 세상인심은 약자들을 따뜻하게 안아주지 않는다. 흔히 말하는 학벌 이야기만 나와도 주눅이 드는 것은 당하지 않는 사람은 절대 모른다.

이제는 어느 분야에서건 한 가지만 잘해도 알아주는 세상이 되었다. 어느 학교를 나왔는가 하는 학력 콤플렉스를 넘어 나만의 개성시대를 만들어 자신감 있게 후유증을 날려 버리자.

반려식물

 십여 년을 함께한 식물이 있다. 처음에 데려올 때는 하얀 화분에 푸른색 잎이 싱싱하고 예뻐서 이름도 모르고 집으로 데려왔다. 텔레비전 옆에다 두고 있으면 눈의 피로감이 덜한 것 같아서 그냥 정이 들었다. 누구나 좋아하는 식물이고 물만 주면 되니 부담감이 없다며 가장 많이들 찾는 식물이라 했다.
 점점 줄기가 뻗어 나오면서 아래로 처졌다. 높은 곳으로 자리를 옮겼다. 화분 두 개가 양옆으로 줄기를 내리면서 벽면을 차지하니 하얀 벽지가 보기에도 시원한 초록색으로 바뀌어 거실에 생기가 넘쳤다. 스킨답서스는 그저 목마르지 않게 물만 주면 제 할 일을 성실하고 수더분한 사람같이 편안하고 천연 가습기 역할을 한다.
 어느 해는 너무 많이 자라서 감당하기가 버거워 그 싱싱한 줄기를 한 아름 잘라 버릴 때는 아깝기도 했지만 늘 바라보던 정이 미안해서 살 수 있을 때까지 살아보라고 물을 뿌려주다 이별을 했다.

어느 지인이 손바닥만 한 행운목을 시집보내는 심정이라면서 내게 선물했다. 또 다른 식구를 맞이하듯 관심을 두고 있으니 쑥쑥 자랐다. 많이 자랐을 때 사진을 찍어서 보내며 소식을 전할 때는 내가 시어미라도 된 듯했다. 그렇게 자란 행운목은 윗순을 잘라주어야 새 가지가 생긴다기에 잘라서 물에 꽂아 싹을 틔운 다음 다른 화분에 심었다. 그것이 내 허리만큼 자랐고 자른 자리에서 돋아난 새순 또한 내 키만큼 자랐다.

한 번도 분갈이를 해 준 일도 없고 특별히 영양분을 따로 주지도 않았다. 내가 주는 영양식은 쌀뜨물 정도였다. 밥을 할 때마다 주어도 화분이 실내에 있으므로 흠뻑 주지도 못하고 아래로 물이 흐르지 않을 만큼만 주었다. 어느 분은 물을 그렇게 자주 주면 안 된다고 하지만 동물도 주인을 닮는다고 하듯이 식물도 닮아가고 때로는 대화도 했다. 살짝 손만 대보아도 수분이 필요하다는 것을 알 수 있었다. 어쩌다가 밥을 하지 않는 날이 있게 마련이었다. 2, 3일 정도는 물을 주지 않아도 된다. 그러다가 오늘은 쌀을 씻어볼까 할 때는 식물 걱정이 앞섰다. 쌀 씻는 소리가 나면 여기저기서 졸라대는 소리가 들리는 듯했다.

'나도 목이 말라요.'

사소한 식물을 관찰하고 메모할 때 그날의 할 일을 계획했다. 동양란을 오래도록 키우고 있지만 같이 물을 줄 수도 없어

까다롭다. 늘 신경 쓰는 것을 본 호야가 올해도 꽃을 많이 피워 줄 테니 수더분한 우리와 즐겁게 살자고 위로 하는 듯했다. 호야는 작은 별이 모여 둥근 공의 모양으로 필 때는 선물 같은 생각에 그 옆에서 시간을 보내기도 했다.

 몇 년 전 이십 일간 병원 생활을 하게 되었다. 남편의 식사 걱정은 물론이지만 화분 돌보는 일이 걱정이었다. 남편은 집안 일을 등한시하는 사람이라 미리 일러두었다. 일주일에 한 번이라도 물을 주라고 했지만 마음이 놓이지 않았다. 그래서 마음을 비우기로 했다. 내 건강도 걱정인 현실에 자꾸 물어보기가 마음이 내키지 않았다.

 퇴원하던 날 집에 들어서면서 화분을 봤다. 거의 누런 떡잎으로 변해있었는데 남은 몇 잎은 싱싱했다. 아내가 퇴원할 때가 되었으니 화분이 걱정되어 베란다에다 내놓고 흠뻑 물을 주었던가 보다. 물어보기도 전에 물을 많이 줬다고 했다. 고맙다고 대답했다.

 반려동물을 키우면서 온 가족이 행복해 하며 사랑을 주듯이 식물도 그에 비할 수 없는 기쁨을 준다. 면을 다 덮고 있던 누런 잎을 모두 잘라내고 덩굴도 다듬었다. 짧은 줄기에서 반짝이는 싹이 돋아나 덩굴이 점점 길게 자라고 있다. 다시 나와 함께 지낼 반려식물이 바로 스킨답서스이다.

부부간의 대화

아침에 일어나서 하는 인사말은 '굿모닝'이 편하다. '잘 잤어?' '좋은 꿈 꿨어요?' 여러 가지 말을 생각해 보아도 마땅히 이거다 싶은 말이 없다. 그렇다고 아무 말도 하지 않고 있자니 왠지 그렇다.

아침이면 신문과 물 한 컵을 들고 가서 깨우기 위해 고른 말이기에 상대방의 반응은 상관없이 자연스럽다. 부부간에 굳이 말을 해야 하는가 하고 할 수 있겠지만, 아침을 좀 더 밝은 마음으로 시작하고 싶고 오래전부터 해왔던 말이기도 하다. 나이가 들면 매사에 의욕이 떨어진다고 하는데 둘만 사는 가족이 할 말을 잃으면 걱정이기도 하다.

젊은 시절에는 할 말이 많았다. 다정했던 말도 있었겠지만 다투면서 상대방에게 상처도 많이 주었다. 군림하는 사람이 미워서 노후에 두고 보자는 심정을 간직하고 살았는데 제대로 펼쳐지지도 못하고 어느새 시효 기간이 지나가 버렸다. 그러나 잊어버릴 것은 잊고 사는 것이 서로를 위해서 바람직하지 싶다. 자칫하다가 그동안 쌓였던 지난 일을 들춰내고 소리를 높이다 보면 해서는 안 될 말까지 나오게 된다.

그래서 이혼 대신 졸혼(卒婚)이라는 신조어가 나왔다. 결혼을 졸업한다는 뜻이다. 기존의 부부관계는 유지하면서 서로 다른 공간에서 자유롭게 사는 형태를 말한다. 이렇게 사는 것이 문제의 해결이 되는지는 모를 일이다. 이런 일이 계기가 되어 요즘 급속도로 늘고 있는 황혼이혼이란 말까지 나오게 되었다. 이혼은 단순히 둘만의 문제가 아니라 사회문제로 발전하고 자식들의 걱정거리가 되고 있다.

노후의 문제들을 잘 풀어나가려면 젊은 시절을 돌이켜 보라. 그곳에는 지나간 추억들이 언젠가 찾아올 주인을 기다리고 있을 것이다. 그리고 가장 소중했던 날을 회상하다 보면 '이럴 때도 있었네'라며 입가에 번지는 미소가 모든 것을 다독일 수 있다. 그리고 그것들을 대화의 소재로 삼아 보자. 한층 더 다정스럽고 부드러운 부부관계가 유지되지 않을까.

요즘 젊은 부부들은 늘 할 말이 많다. 아침에 헤어지고도 전화로 안부를 묻고 틈나는 대로 문자를 보내기도 한다. 그러다 퇴근 후에 만나면 서로 하루의 안부를 물어본다. '오늘은 별일 없었느냐'고 서로 물어보는 것이 일상이다. 그런 대화가 너무나 자연스럽다.

달라진 게 없나, 새로운 소식이 없나 하고 궁금해 한다. 그저 아이의 움직임 하나하나가 대화 소재이다. 그렇게 새로운 얘기가 아니더라도 듣는 사람이나 말하는 사람이 늘 새롭고 진지해 보여 옆에 있는 사람마저 대화 속으로 끼어들고 싶다.

누구나 다 자식을 키우고 가정을 이루며 살지만 할 말이 많다는 것은 상대에 대한 사랑과 신뢰가 아닐까. 이들 부부에게 노후에도 이런 삶이 이어지기를 응원한다.

서로가 절실했던 시절이 누구에게나 한 번쯤 지나간 시간이었지 싶다. 알콩달콩 재미는 없다지만 그래도 누구든 한 사람의 빈자리가 생기게 되면 비록 무덤덤한 생활이었다 해도 그때가 좋았음을 느끼게 될 것이다. 지난 뒤에 후회하지 않기 위해서라도 다시 한 번 배우자를 이해하는 지혜가 꼭 필요하리라. 얼마 남지 않은 여정을 함께해야 하는 노후, 그래도 제자리에 있어야만 마음이 편한 걸 보면 가슴 시린 연민의 정이 아닌가 싶다. 지나고 보면 침묵도 대화라는 것을 알게 되지 않을까.

남남이 만나 결혼하면 처음에는 깨가 쏟아진다고 하지만 그 기간이 얼마나 오래갈까. 사람에 따라서는 몇 개월에서 몇 십 년 가는 사람도 있겠지만, 세월이 흐르다 보면 어느 순간 할 말이 점점 줄어들게 된다.

자식들이 출가하고 나면 둘만 남은 부모는 점점 할 말을 잃어간다. 그래도 처음에는 자식들 출가시킬 때 있었던 일, 손자 볼 생각으로 이야깃거리가 심심치 않게 있었다. 손자들이 크는 모습을 보는 세월도 빠르게 지나가 버린다. 아들딸 키울 때 맛보았던 인생의 즐거움보다 손자들의 성장은 또 다른 생활의 활력이 아니었나 싶다.

젊은 시절 상큼했던 시간보다도 황혼기를 더 소중하게 여기고 다독이다 보면 자식들도 부모님께 응원을 보내게 되지 않을까. 그러면 사회문제가 되는 노후에 갈라서겠다고 하는 기싸움도 해결될 듯하다. 그래도 상대방을 오랫동안 겪었기에 굳이 말하지 않아도 무엇을 원하는지 거의 다 알 수 있어 말보다는 행동이 앞선다.

거친 비바람과 모진 한파를 견디어낸 인동초는 잎은 시들어도 그 향기를 잃지 않는다고 한 것처럼 나이가 들어도 연륜의 향기는 끝까지 지니고 싶다.

손주들의 성장

오늘 낮 기온이 35도라는 일기 예보가 있었다. 그런데도 나는 더위를 느끼지 못한다. 더위나 추위는 마음에서부터 오는 것이 더 큰 비중을 차지한다고 했던가.

조금만 더워도 덥다는 말을 입버릇처럼 달고 살지만 오늘만은 더위도 잊은 채 집안 정리를 하고 있다. 두 사람이 사는 집이라 그리 넓지는 않다. 방 하나를 서재로 쓰지만 자주 사용하지 않는 물건들을 하나하나 가져다 놓다 보니 방을 다 차지해 버렸다.

영국에 사는 손녀들이 방학을 맞아 온다는 반가운 소식에 우선 방부터 살펴보았다. 별로 쓰임이 없으면서도 미련 때문에 버리지 못했던 물건들이 많았다. 짐을 정리하려 팔을 걷고 다가섰다. 버릴 대상을 살펴봤다. 그러자 몸집이 무겁고 자리를 차지하던 바둑판으로 눈길이 갔다. 그러자 바둑판이 '왜 나를 노려보느냐.'는 눈치다. 바둑판을 여기 둔 지는 십오륙 년이나 된다. 오랫동안 이 자리에 있었어도 아무 일도 없었는데 오늘 같은 위기가 올 줄 바둑판이 어떻게 알았겠는가. 바둑판은 이렇게 생각했다.

몇 년 전 할아버지가 병원에 입원하자 할머니가 속상한 끝에 필요치 않은 물건들을 정리하기 시작했다. 그때도 위기가 있었지만 몸집과 무게감이 있는 탓에 겨우 퇴출은 면했다. 바둑판이 우리 집에 오게 된 동기는 할아버지의 외손자가 마포구청장배 바둑대회에서 금상을 타면서 자연스레 바둑돌과 함께 부상으로 받은 것이다.

하루는 할아버지와 손자가 바둑판을 가운데 두고 마주 앉았다. 체구가 큰 할아버지 앞에 초등학교 삼학년생 작은 아이가 앉은 모습은 균형이 맞지 않았어도 평화로워 보였다.

바둑돌을 잡는 순간 철없이 뛰어놀던 아이는 어디 가고 검지와 중지에 돌을 끼우고 집중하는 얼굴에는 비장함마저 감돌았다. 그에 맞서 할아버지도 한 치의 양보 없이 긴장한 빛이 역력했다. 관전하는 주위의 분위기도 조용할 수밖에 없었.

두 사람이 겨루는 모습에 가족들은 누구를 응원해야 할지 몰라 관심 없는 듯, 그러나 바둑을 두는 사람보다 뒤에서 분위기를 느끼는 사람이 더 재미있다. 긴장의 시간이 얼마간 흐르고 바둑판에 가득한 돌을 보면서 할아버지가 쓴웃음을 지었다.

"내가 졌다." 아이는 "할아버지, 제가 몇 집으로 이겼습니다."

아이의 승리에 모두 손뼉을 쳤다. 어린 손자에게 진 소감이 어떠냐고 하니 "야 이놈이 보통이 아닌데." 그때 바둑 실력을 인정받은 아이가 이제 성인이 다 되었다.

할아버지와 조용한 시간을 가질 수 없는 손자는 일 년에 두 번, 설과 추석 명절에야 찾아왔다. 사위는 술을 못하던 참에 외손자라도 주량을 닮았는지 할아버지와 술잔을 주거니 받거니 대작이 되었다. 술좌석 예절을 배운 아이는 할아버지 마음에 꼭 드는 술친구가 되었다.

앞으로는 두 사람이 마주 앉아 바둑을 즐길 시간이 여의치 않을 것 같다. 바둑판도 이제 꼼짝없이 쫓겨나게 되었다. 오랜 세월 함께했던 잡다한 물건 중에는 자랑이라 여겼던 것도 있지만 그 또한 부질없으므로 정리하고 나니 집도 마음도 시원하다. 『잘 버려야 잘 산다』라는 책을 읽었기에 버리는데 도움 된 듯했다.

멀리서 오는 손녀들을 볼 수 있다는 생각에 더위도 모르고 쓸고 닦았다. 영국에서 태어났지만 부모가 한국 사람이라 이곳 생활에 아무 불편 없이 키워준 아들과 며느리가 고맙다. 저 아이들도 엄마 아빠가 잘 키워줘서 감사하고 한국 사람이라 자랑스럽다는 말도 잊지 않았다. 늘 같이 살았던 것처럼 모든 생활이 익숙했다. 시차가 바뀌었지만 잘 견디며 활발한 모습에 적적했던 집안에 활기가 넘쳤다.

외국을 나가보면 낯선 물건들이 좋아 보이듯 이 아이들도 호기심 가는 물건들이 많은가 보다. 재미 삼아 구입하고 엄마 아빠 동생 줄 선물도 사고 친구들이 생각나서 사는 재미도 있다 보니 짐이 늘어나게 마련이었다.

내일모레 돌아가야 한다. 이제 돌아가면 그간 먹기만 하고 못 한 운동을 해야 한다며 일정을 본다. 올해 대학에 진학한 큰아이, 고등학교 간 둘째, 그곳은 가을에 학기가 시작되기 때문에 지금이 가장 마음에 여유가 있을 때라고 했다.

짐을 싼다고 여행 가방을 열어 놓고 꼼꼼하게 챙겼다. 몇 번이나 넣었다 꺼내기를 반복했다. 가방을 들고 저울 위로 올라갔다. 몸무게를 빼고 계산하고 수없이 하더니 둘 다 가방을 펼쳐 놓은 채 누웠다. 장난 반 취침 반, 한참을 그대로 있다가 둘 다 옷을 겹겹이 입고 나와 "할머니 이것 보세요. 짐이 오버되어 내일 이렇게 입고 공항에 나갈래요." 하면서 할머니를 위한 공연이라며 춤을 추고 재롱을 부렸다.

공항에서 요구하는 짐의 용량은 엄격하다. 조금만 초과해도 통과시키지 않는다. 오랜만에 온 편에 나름대로 준비한 사소한 반찬들을 하나도 넣을 수가 없다. 저희도 내 마음을 아는지 제일 보내고 싶은 것 중 일 번을 가지고 오란다. 어떻게 보면 별거 아니지만 그래도 마음을 전할 수 없는 것이 섭섭했지만 아이들이 구매한 것을 두고 가라고는 할 수가 없었다. 기내에 들고 들어갈 용량과 품목을 알고 준비하면 실수가 없다.

오래전 이 아이들이 태어날 때 손자를 본다는 반가운 마음에 처음으로 혼자 비행기를 타게 되었다. 며느리가 먹고 싶다는 고추장 멸치볶음을 밤늦도록 정성스럽게 준비했다. 수화물로 부쳐야 할 것을 깜빡하고 기내에 들고 가다가 여지없이 빼앗겼다.

그런 음식물은 기내에는 들일 수 없다는 것을 알았지만 내 실수로 폐기 처분하다니 억울하고 한편 자책감이 들었다. 아들이 위안의 말로 먹은 것으로 하자고 마무리했지만 지금도 아까운 생각은 여전하다. 그런 것을 잘 아는 아이들은 기내에 들고 들어가면 안 되는 것을 철저하게 구분했다.

이십일 만에 또 장거리 비행기에 오를 아이들이다. 저희는 기내에서 자면 되지만 섭섭해 할 할아버지와 할머니 걱정이 앞선단다. 내일 아침에 슬픈 이별은 하지 말자는 속 깊은 아이들이다.

남겨두고 간 편지에는 다음 방학에 또 오겠다고 했다. 하지만 한번 나서기가 그리 쉬운가. 너희들이 남기고 간 사랑스러운 정과 그렇게 잘 자라준 것들을 생각하면 할머니는 행복하다.

이제 돌아가면 바쁜 일들이 많을 것이다. 지금처럼 매사에 열심히 하고 더욱 성숙해서 만나자. 할머니도 너희들을 오래도록 만나려면 건강관리도 잘해야겠지. 그래서 언제라도 너희들을 기다리겠다고 전화기에 답을 남긴다.

두메산골 등굣길

내 초등학교 시절은 아직도 모락모락 피어오르는 안개 속에 어렴풋이 남아있다.

딸 부잣집 여섯째로 태어난 순둥이 같았던 소녀 하나가 있었다. 농사밖에 모르는 농가에서 태어났지만 일을 할 줄 몰랐다. 또래 아이들은 부모님을 돕기 위해 쇠꼴을 베러 산으로 갔다. 아이들도 나이에 맞지 않을 만큼 무거운 짐을 져야 하는 것이 마을 실정이었다. 부모님이 들일을 나가면 여자아이들은 엄마가 할 일을 했다.

그러나 나는 일곱 딸 중 여섯째로 태어났으니 언니들이 많았다. 언니들이 일을 시키지도 않았고 학생이니 공부하라고 했다. 더구나 일을 시키지 않은 이유는 왼손잡이 아버지를 닮아 모든 것이 어설프게 보였으니 처음부터 일을 못 하는 아이로 알고 있었다.

내가 초등학교 다닐 때는 거의 다 그랬듯이 추운 겨울이라도 내복이 없었고 신발도 검정 고무신이 대부분이었다. 그것을 신고 왕복 30리도 넘는 길을 걸어 다녔다.

가까운 곳에 초가로 된 학교가 있었는데 언니들은 그 학교에 다녔다. 그러나 나와 동생은 좀 더 좋은 학교에 보내겠다는 아버지의 뜻을 따라야 했다. 학교로 가는 길에는 유난히도 진달래가 많았다. 산 가득히 피어있는 꽃을 꺾으며 놀다가 시간 가는 줄 모를 때가 많았다.

멀리 학교 운동장이 보이고 조회시간에 교장선생님의 쩌렁쩌렁한 목소리가 메아리처럼 들릴 때면 그제야 겁에 질려 보리밭 고랑에 얼굴을 묻고 소리가 안 들릴 때까지 숨을 죽이고 있었다. 교실로 들어가는 학생들을 보고 진달래 꽃다발을 밭고랑에 버린 채 부랴부랴 뛰어갔다. 엄마가 밥을 늦게 해주는 바람에 늦었다고 핑계를 대 보지만 선생님은 다 안다는 듯 꿀밤 한대를 먹이셨다.

여름에는 길가에 머루, 다래 넝쿨이 우거져 손만 내밀면 먹을 것이 지천으로 널려 있었다. 말랑말랑한 다래는 달콤하지만 까만 머루 주저리를 들고 한 알씩 이가 시리도록 먹었다. 탱글탱글한 포도송이 같은 것이 손을 대면 금방 터질 것 같았다. 이스라지 열매는 빨갛게 익었다. 지금은 이름도 기억나지 않는 갖가지 열매들이 잘 익었지만 관심을 두는 이 없으니 저절로 땅에 떨어졌다.

산딸기를 빈 도시락에 가득 따서 손으로 한 움큼 쥐고 꾹 짜 손가락 사이로 흐르는 빨간 단물만 빨아먹었다. 깊은 산속에 찾는 이가 없으니 욕심껏 따서 먹고 버렸던 그때가 그립기만 하다. 학교 가는 길은 차가 겨우 한 대 다닐 정도의 산길이라 울퉁불퉁하고 험했다.

소나무가 많은 산에 벌목한 나무들을 실어 나르는 트럭이 하루에 한두 번 다녔다. 하굣길에 트럭이라도 마주치면 태워달라고 일렬로 줄을 섰다. 제일 큰아이가 "차렷! 경례!"를 외치면 모두 손을 들었다. 하지만 늘 인심 좋은 기사를 만날 수는 없는 법, 태워주지 않고 그대로 지나가는 차가 있으면 길에다 큰 돌을 굴려 놓고 가버리는 심술을 부렸다. 그래도 철없는 아이들을 탓하지 않고 다음에는 그러지 말라고 타이르고 차를 태워 주었다. 그날은 재수 좋은 날로 생각하고 "나의 살던 고향은 꽃피는 산골…"이라는 노래를 큰소리로 합창했다.

학교는 멀었다. 개울을 일곱 개나 건너야만 학교까지 갈 수 있었다. 수업시간에 갑자기 비가 많이 오는 날이면 학교에서 먼 동네 아이들은 집으로 먼저 돌려보냈다. 여러 곳에서 모여드는 물이 순식간에 불어나 집에 못 가는 경우가 있었기 때문이었다.

우리 둘은 집이 멀어 수업 도중에 학교를 나섰다. 사환이 큰 개울을 건너는 데까지 데려다주었다. 물이 가슴까지 차올랐다. 아직도 건너야 할 개울이 여러 개 남아 있었지만 사환은 학교로 돌아가고 나와 동생은 옷이 온통 젖은 채 집으로 타박타박 걸어가고 있었다. 그때 멀리서 아버지의 모습이 보였다.

 논에 물을 댈 때 쓰는 자루가 긴 괭이를 어깨에 메고 두 딸을 마중 오신 아버지. 반갑다기보다 겁부터 났던 것은 날씨가 좋지 않으니 학교에 가지 말라는 말씀을 어기고 학교에 갔기 때문이었다.

 겨울이면 난로에 장작을 넣고 따뜻하게 불을 피웠다. 그 위에 양은 도시락을 올려놓고 누룽지가 될 때까지 기다렸다가 김이 모락모락 나는 밥을 먹었다. 겨울을 나기 위해서는 학교에 장작을 가져가야 했다. 아버지는 불에 잘 타고 난로에 넣기 쉽게 죽죽 곧은 장작을 소 등에 가득 싣고 바쁜 틈을 내어 달려오셨다.

 소풍갈 때 아버지가 읍내 장에 가셔서 옷감을 사오시면 언니들이 옷을 만들어 주었다. 예쁜 옷을 입었다고 선생님의 칭찬과 친구들의 부러움을 사기도 했다. 아버지는 친구들보다 월사금을 먼저 내주시며 여러 딸을 정성으로 키워주셨다. 초등학교 졸업을 앞두고 겨울방학 중에 고향의 흙냄새를 뒤로하고 포항으로 이사했다.

 십이월 혹한 트럭 두 대에 이삿짐을 싣고 그 속에 우리 가족들은 이불을 깔고 옹기종기 앉아서 아침 일찍 출발했다. 울퉁불퉁한 시골길을 종일 달렸다. 추위를 피하려고 이불을 뒤집어쓰고 있으니 낮에도 깜깜한 밤이었다. 밖이 궁금하여 얼굴을 빼꼼이 내밀어 보면 가도 가도 끝없는 들판만 보이는 듯했다. 우리 가족은 영화에서나 볼 수 있는 그런 특별한 이사를 거쳐 낯설고 물선 도시에 도착했다.

  산골 소녀가 처음 본 포항은 어마어마한 도시로 놀라움을 어떻게 표현할 수가 없었다. 여기가 내가 살아갈 곳이라고 생각을 하니 설레고 가슴이 뛰었다. 좋기도 했지만 낯선 곳에 또 다른 친구들을 사귈 수 있을까 두렵고 떨리기도 했다. 그렇게 하여 산골 소녀였던 내가 포항시민으로 다시 태어났다.

엄마라는 이름으로

　어느새 팔월이다. 팔월은 내 생애에서 가장 잊지 못할 때이기도 하다. 그해 여름 무덥던 어느 날 엄마가 되었기 때문이다.
　나를 낳아주신 분을 엄마라고 부를 줄만 알았지 내가 누구의 엄마가 될 줄은 생각도 못 했었다. 엄마라면 무엇이나 다 잘해야 하고 어떤 어려움이 있어도 내색하지 않으며 다 참아야 하는 줄로 알았다. 윗사람을 대하는 태도와 아랫사람들에게도 모범이 되어야 엄마가 되는 줄로만 알았다.
　어쩌다 준비 없는 부모가 되었다고 난감했었는데 아기가 모든 것을 갖추고 스스로 태어난 듯했다. 엄마가 되기 전에는 한번 잠이 들면 누가 업어 가도 모를 만큼 잠이 깊었다. 그런데 아이의 숨소리만 커도 잠이 깨고 기지개 소리에도 벌떡 일어났다. 아무도 가르쳐주지 않았는데 저절로 반응하는 것은 아기의 힘이리라.

친정어머니는 철부지 어미가 아기가 깨어있어도, 먹을 것을 찾아도 모르고 잠을 잘까봐 늘 걱정이셨다. 아기가 그 작은 입으로 먹을 것 제대로 찾아 먹을지, 두 모녀를 돌봐야 한다는 무거운 책임감에 심신이 피곤하셨을 게다. 그런 중에도 부스럭 소리만 나도 잠에서 깨어 이리저리 살펴보시곤 하셨다. 어쩌다 내가 먼저 일어나 앉은 걸 보고 또 일어났느냐고 하면서 나를 찬찬히 쳐다보셨다. 내가 엄마가 된 지 며칠 되지도 않았는데 어느새 저리도 예민해졌을까 하는 눈치셨다.

어려운 시절 많은 자식을 낳고 키운 어머니지만 오래전에 있었던 일은 다 잊어버린 듯 새삼스러운 딸의 모습이 신기해서 미소를 지으셨다. 하룻밤에도 몇 번씩 깨어나 아기를 돌본다고 하셨다.

어미가 되어봐야 부모의 마음을 헤아릴 수 있다던 말이 절절하다. 자식을 키우려면 누구나 이런 과정을 거쳐야만 하는데 출산의 고통을 여러 번 겪은 어머니는 이제 젊음을 다 내려놓고 옆에서 잠드셨다. 어쩌면 저리도 무던하실까, 아니면 미련하신 걸까. 이렇게 어려운 과정을 겪어본 심정으로는 이해가 되지 않았다.

정성 들여 돌보는 제 어미에게 보답이라도 하려는 듯 아기는 하루가 다르게 토실토실 자랐다. 잠결에 웃는 모습도 보여주고 빨리 크겠다는 신호인 듯 얼굴이 빨개지도록 기지개를 켜고 조그만 입을 오물거렸다. 이런 모습을 보면서 어떻게 잠을 제대로 자지 못해 힘들다는 말을 할 수 있겠는가.

　어느 날은 현실을 잊어버리고 늦잠을 자고 얼떨결에 깨어보니 아기가 혼자 손가락을 빨면서 놀고 있는 게 아닌가. 시간상으로 봐도 맘마를 몇 번 찾았어야 할 시간이 지났는데도, 아기는 엄마를 이해하고 있었다.

　병아리 걸음으로 걷는 것을 본 엄마는 불안해서 뛰다가 넘어져도 아기는 완주해서 엄마 품에 안겼다. 그리고는 어딘가 아픈 데가 있으려니 하고 입을 오므려 '호' 했다. 바빠도 침착해야 한다며 한 수 배우는 날이었다.

　잠깐 하는 사이에 그 조그맣든 딸이 엄마가 되었다. 몇 십 년 전 나를 보고 있는 듯 대견하기도 하고 어머니 생각이 나면서 울컥 뜨거운 것이 가슴 한구석을 휘젓고 지나갔다. 부모가 되어봐야 부모의 마음을 안다고 하던 말의 뜻을 조금은 알 것 같기도 했다.

　직장 생활하는 딸과 결혼 전부터 그저 열심히 하라는 뜻으로 아이는 내가 키워주겠다는 말을 했다. 그러면 엄마는 우리 집에 자주 놀러 오라는 말을 밥 먹듯이 하며 살았다. 말이 씨가 된다고 했던가. 사위의 부모님은 지방에 계셨다. 그래서 딸이 출산 휴가가 끝나는 날부터 아기는 내 품에 안겼다.

　그때부터 나는 몇 십 년 전 내가 첫아이 엄마가 되던 시절로 돌아갔다. 그때는 젊기도 했고 가족도 단출했지만 이제는 한 계단 내려선 나이였다. 하지만 사랑으로 안을 수 있다는 자신감이 앞섰다.

 손자가 사월에 태어났고 첫 여름이 되었다. 더운물에 매일 아기를 씻기는 일부터 더위와도 맞서야 했다. 머리에는 땀방울이 맺혀 저절로 떨어졌다. 남편의 퇴근 시간에 맞춰 식사 준비도 소홀히 할 수가 없었다. 여차하면 아기를 친조부모에게 보내라고 하므로 그저 할 일을 다 하는 수밖에 도리가 없었다.

 딸과 사위가 우리 집으로 퇴근하는 날이 빈번했다. 아기가 눈에 아른거리니 발걸음이 이쪽으로 향하는 걸 누가 탓하겠는가. 사위가 온다는데 저녁 반찬 걱정이 태산이었다. 그렇다고 오지 않으면 '아기가 보고 싶지도 않은가?'라고 생각하게 되었다.

 친할아버지 할머니도 주말이면 손자를 보러 올라오셨다. 그날이 내가 쉬는 날이었다. 큰손자는 외할머니를 엄마라고 불렀다. 처음에 말을 배울 때는 가장 쉬운 말이 엄마라는 단어이기 때문이기도 하지만 정말 엄마로 알았다. 조금 더 큰 후에 할머니와 엄마가 정리되었다. 그래도 엄마라는 말에 힘을 얻어 지칠 줄 모르는 젊음을 몇 년 더 연장했고 아이를 봐준 공은 없다는 말을 하지만 인사 받으려고 손자를 키우는 할머니가 세상에 어디 있겠는가. 흔히 자식이 섭섭하게 대할 때면 "내가 너를 어떻게 키웠는데…."라는 말을 하게 된다. 그런 말은 자신을 더욱 초라하게 할 뿐이다.

 손자가 아무리 사랑스럽고 소중해도 책임질 부모가 있기에 나로서는 늘 딸의 걱정이 먼저다. 그동안 가장 뿌듯했던 것을 손꼽으라면 아마도 아이들을 돌본 일이리라. 말수가 적은 큰손자 녀석의 작은 마음 씀씀이 하나에도 할머니에 대한 특별한 관심을 느낄 수 있어 행복하다.

　옛일을 생각하며 혼자 미소를 지을 때도 있다. '그때는 정말 그랬어.'라고 고개를 끄덕이게 된다. 엄마만 아는 마음 속 수첩이 있으므로.

자신에게 감사할 때

주말 오후에 버스를 타려고 정류장에 서 있었다. 부지런한 사람들이 더위를 피해 아침 일찍 등산을 마치고 하산했는지 우르르 몰려와 버스에 올랐다. 그들의 지팡이와 배낭 때문에 금방 어수선해졌다. 등산복에서 배어 나온 땀 냄새가 물씬 풍겼다. 그래도 건강만큼은 자신감이 넘쳐흐르는 듯했다. 산길은 몇 시간이라도 걸을 수 있지만 아스팔트길은 걷기가 싫은 탓일까. 빈자리가 있으면 앉으려고 날렵한 몸짓을 했다.

지금은 없어졌지만 내가 처음 산에 갈 때만 해도 등산로 입구에는 매표소가 있었고 관리하는 사람이 지키고 있었다. 요금은 얼마를 냈는지 잊어버렸지만 그곳이 못마땅해서 피해 가는 사람들도 있었다.

건강에 대한 걱정보다도 재미 삼아 마음 맞은 친구들과 일주일에 한 번 산행하기로 약속했다. 남편이 출근하고 아이들도 학교에 가고 나면 분주한 아침 시간이 끝났다. 식사 준비를 하는 사이 산에서 먹을 간식을 준비하며 마음은 어느새 산에 가 있었다.

그러나 등산이라고는 처음이라 별다른 장비도 없이 등산화만 준비하고 평상시 입던 간편복에 아이들이 쓰던 가방을 메고 갔다. 아무도 장비에 대해서는 말하는 사람도 없을 뿐 남의 눈치를 의식하지 않아도 괜찮았다.

지금은 뒷동산에 오르는 등산객이라도 세계의 산을 정복이라도 할 듯 이름 있는 브랜드로 머리부터 발끝까지 차려입는다. 물론 안전을 생각하면 좀 더 견고한 것으로 준비하고 싶겠지만 가격 또한 만만치 않다.

처음 출발점에서 친구들을 만난다. 약속 시각에 잘 나와 줘서 고맙다는 인사말로 출발했다. 이제 출발점에 섰지만 마음은 벌써 북한산 공기는 내가 다 느끼겠다는 마음으로 열어두었다. 몇 번의 등산으로 이제는 어디쯤 가면 쉬어가는 곳이 나오고 깔딱고개 앞에 서면 숨이 차다는 것도 안다.

이마에는 땀이 비 오듯 흐르고 옷이 등에 찰싹 붙어 버렸다. 그때는 일행과 뒤처지지 않으려는 생각뿐이었다. 그래도 그날 흘렸던 땀이 헛되지 않았고 오래도록 잊히지 않는 등산의 추억으로 남아있다.

친구 중에 북한산 길을 잘 아는 이가 앞장을 서 요리조리 잘도 찾아간다. 어디쯤 가다 보면 한 사람이 지나가기도 어려울 정도의 바위틈으로 빠져나갈 때는 배낭을 먼저 밀어 넣고 몸을 웅크리고 빠져나갔던 안도감, 이번에는 제법 높은 바위에서 아래로 뛰어내려야만 지나갈 수 있는 곳에 다다랐다. 숙련된 등산객들에게는 이런 곳쯤은 아무것도 아니란 듯 펄쩍 뛰어 주춤거리는 우리를 지나쳐 가버렸다.

초보자인 우리 몇 명은 직장에 있을 여보를 부르면서 "저녁에 만나요." 하면서 절박한 심정을 표현하기도 했다. 가파른 바윗길 앞에 다다랐을 때는 정말 돌아가고 싶었지만 이미 늦었다. 뒤에 줄줄이 따라오는 프로처럼 보이는 사람들 틈에 끼었으니 앞으로 나갈 수밖에 도리가 없었다. 앞에 가는 사람이 발 딛는 곳을 보고 손놀림도 보며 혼신의 힘을 다했다. 자칫 손을 놓치면 연쇄적으로 떨어질 생각을 하니 힘들다는 생각조차 할 틈이 없었다. 아찔한 절벽을 지나고 나서 안심하는 순간 나도 프로가 될 수 있을까 하는 섣부른 생각도 해 보았다.

어떤 사람은 등산은 혼자 해야지 많이 생각할 수 있고 산과 대화하면 경건한 마음이 생긴다고 했다. 하지만 위험이 따를 수도 있으니 동행하는 사람이 있으면 안심이 된다. 산행에서 만난 사람들이 자연스레 인사하는 것도 좋은 공기 탓일까.

산 입구에는 휴일마다 산에 오르기 위하여 단체로 모인 사람들이 늦게 오는 사람을 기다리며 서 있었다. 그들이 대화하는 모습은 내가 모르는 다른 세계인 양 부럽고 낯설다. 이제는 산행 길에 나서본다는 것은 아득한 옛일, 그들이 흘리는 대화를 들으며 나도 한때 저런 시절이 있었다고 위로해 본다.

어린 시절 산골에 살면서 자연식을 많이 해서 건강하다고 자부심도 품었다. 온종일 산길을 걸어도 다리 아픈 것이 어떤 것인지도 몰랐고 아들딸 출가하고 손자들 돌볼 때도 거침없었던 건강이었다. 이제 발목을 잡히고 보니 지난날이 얼마나 소중했는지 눈물겹도록 그립다. 거실에서 바라보는 팔각정은 삼십 분이면 올라가지만 다음에 가자며 마음을 접는다.

힘겹게 올라 정상에 서면 자신이 대견하고 뿌듯하기도 했다. 하지만 살다 보면 어려움이 닥치기도 하고 지혜가 필요할 때는 산에서 얻은 인내와 교훈이 삶에 큰 힘이 되기도 했다.

이 시점에서 뒤돌아보면 아쉬운 것이 한둘이 아니다. 그때는 세수하고 로션을 바르지 않아도 반지르르했던 젊은 피부, 손자들을 안고 있으면 비릿했던 젖 냄새, 아들딸과 함께 길을 나서도 뒤처지지 않던 걸음걸이, 같이 사진을 찍어도 주눅이 들지 않던 시절이었지 싶다.

이제는 지난날을 후회하기보다 글쓰기에 전념해야겠다. 수필을 써보겠다고 마음을 둔 지 적잖은 시간이 흘렀건만 아직도 작품이라고 말할 수 있는 글이 없다. 많은 시간과 공을 들여 더 늦기 전에 맛깔 나는 수필 한 편을 남기고 싶다. 아직 글 쓰는 일 만큼은 포기하지 않고 있는 자신에게 감사한다. 훗날 오늘을 그리워할 때가 올 것이라는 점이 두렵기만 하다.

이제는 등산을 못 하더라도 가장 중요하다는 글쓰기는 포기

하지 않으려고 노력한다. 그때를 위해 건강을 유지하리라고 다짐해 본다.
 형제봉이 나를 내려다보며 힘을 내라며 빙긋이 웃는 것 같다.

칭찬을 아끼고 싶을 때

아무리 해도 지나치지 않는 것이 칭찬이라고 했다. 그러나 칭찬을 아껴야 할 때가 있다. 잘했다는 말이 입안에서 맴돌지만 속으로 삭인다. 주차장에 들어선 딸은 익숙하게 앞뒤로 한두 번 움직이다가 정확하게 선을 따라 차를 세운다. 오늘도 잘 왔다는 인사말을 하면서 차에서 내리지만 내심 대견한 마음을 늘 속으로 삼킨다.

다른 사람이 들으면 '남들 다하는 운전을 뭐가 대단하다는 건지.' 하고 말할 수 있겠지만 돌이켜 보면 '이젠 잘하네'라는 말이 나오는 것을 꾹 참는다.

딸은 몇 년간 직장 생활을 했지만 친정 식구들을 닮아서 기계치에 가깝다 보니 운전할 생각을 하지 못했다. 대중교통을 이용하고 다니면서도 큰 불편 없이 몇 년 동안 직장 생활을 했다. 그러나 활동량이 많은 직장이다 보니 차가 필요했던 모양이다.

 면허증을 쉽게 따고 시내 연수도 했다고 하기에 어떻게 차를 움직여서 면허증을 땄을까. 한 번도 운전석에 앉아 보지 못한 입장에서는 신통하기만 했다. 이제 혼자서 시운전할 참이었다. 사위가 출장간 사이 쉬고 있는 차에 마음이 갔던가 보다.

 퇴근 후라서 어둑어둑했다. 시운전에 첫 손님이 된 나는 아이를 업은 채 마음이 놓이지 않아 앉지도 못하고 엉거주춤하고 있던 참이었다. 아파트 단지를 돌아서 나오자면 첫 커브 길을 만나게 된다. 끼익하는 소리와 함께 "아이쿠!" 하는 순간 운전석에 있던 딸이 뛰어 내려갔다. 심상찮은 소리를 들은 경비아저씨가 뛰어나왔다. 피해차량의 주인이 나오더니 처음에는 그럴 수 있는 일이라며 이해심 많은 사람이라 잘 해결했다.

 다시 차에 오르고 싶지 않은 딸은 "아저씨 이 차를 우리 자리에다 옮겨 주세요."라고 부탁했다. 차에 올라간 사람이 조용히 제자리에 두는 것을 본 두 모녀는 부러운 눈으로 멍하니 서 있었다. 세상에 모든 운전자가 우러러 보이던 초보운전자 시절을 잊을 수가 없다. 그 후로는 운전할 생각을 잊고 살았다.

 지금은 대학생과 중·고등학생이 되었지만 아이 둘을 데리고 딸이 미국으로 연수를 가게 되었다. 미국이란 나라는 차가 없으면 마트에 가기도 어려운 곳이라 가자마자 또다시 운전면허증부터 따야 했다.

 가는 곳마다 차이는 있겠지만 도로에 차가 많이 다니지 않아서 한가하고 죽 뻗은 길이 서울과는 아주 대조적이었다. 면허증을 따고 시운전도 충분히 했지만 연습하러 갈 때는 혼자 보내기가 걱정되어 늘 같이 다녀야만 마음이 놓였다.

'초보운전'이라고 쓴 종이를 차 뒤편 유리에다 붙여두고 가는데 햇살이 뜨겁다 보니 떨어져 밖에서는 보이지 않게 되었다. 뜨거운 유리 안에서 내가 그걸 손으로 잡고 좀 더 잘 보이도록 하기 위해서는 따가운 햇볕도 감수해야만 했다. 통행이 너무 잘 되는 것도 문제, 신호가 걸리면 마음을 가다듬으려고 오히려 붉은 불빛을 기다렸지만 그 또한 마음대로 되지 않았다.

이곳은 미국 캘리포니아주에 있는 어바인이라는 도시다. 깨끗하고 한가로운 도시로 한국 사람들이 선호하는 곳이다. 지금은 여름이지만 비가 많이 오지 않기에 습도가 낮으며 하늘은 높다. 야자수가 하늘에 뜬 것처럼 아득히 보이고 그 아래 또 다른 하늘색 수영장에는 사람들이 헤엄을 치면서 노닐고 있다. 아파트 단지 내에도 수영장이 있어 집에서 수영복을 입고 나와도 자연스러운 곳이다.

아파트형의 주택은 집집이 차고 형식으로 주차 공간이 지정돼 있다. 정해진 칸은 운전에 미숙한 사람은 주차하기가 힘들어 보였다. 길 쪽에도 주차 공간은 있지만 햇살이 뜨거운 탓에 대다수 사람은 차고에 주차했다.

따가운 햇볕을 무릅쓰고 옥외 주차를 하다가 차 보기가 미안했는지 주차장에 넣어 보려고 시도했지만 역시 뜻대로 되지 않았다. 한 번만 더 움직였다가는 차가 상처를 입게 생겼다. 마음을 졸이며 지켜보고 있던 나는 그대로 잠깐 있으라고 하고는 사람을 부르려 뛰어갔다. 그러나 낮에는 거의 사람 보기가 쉽지 않은 곳이었다. 그래도 만나기만 하면 손짓으로 해도 알아듣고 친절하게 도와주는 현지 사람들이 고마울 따름이었다.

아파트 입구를 들어갈 때 통행증 뽑기도 내 몫이었다. 차로 접근하기가 쉽지 않아서다. 하지만 이런 일쯤이야 재미로 하고 그래도 자동차가 움직인다는 것이 대견하기 그지없었다.

한가한 도로에서 운전하다가 서울에 오니 너무 복잡해서 좀 힘들 것 같다고 걱정했다. 그러나 자가운전의 편리함을 알았기에 적응하지 않을 수가 없었다. 이제는 딸이 운전하는 차를 타고도 손에 땀이 나지 않는 것을 보니 어느새 편안해져 있는 자신을 보게 된다. 그래도 차를 탈 때는 말을 아낀다. 운전자도 습관적으로 기도하는 모습을 보고 그래 운전은 잘하는 사람이 따로 있는 것이 아니다.

운전 조심이란 말은 아무리 해도 지나치지 않는다. 엄마로서 조심 운전보다 더 부탁할 말이 있겠는가.

오늘도 익숙하게 주차하는 딸을 보면서 칭찬을 아끼지만 얼굴에 묻어나는 여유로움과 미소가 칭찬을 대신하고 있다는 것을 딸이 눈치 챘을 것이다.

팔각정

　쉬엄쉬엄 걸어도 30~40분 거리에 있는 북악팔각정을 올랐다. 초입에 들어서면 바로 가파른 나무 계단이 나오지만 안전하기에 걸을 만하다. 내가 처음 그 길을 알고 갈 때만 해도 좁은 자갈길이라 밟으면 미끄러운 곳도 있었다.
　그러나 지금은 아주 기분 좋게 오를 수 있는 안전한 길이 되었다. 조금 경사가 진 곳은 계단으로 만들고 평지에도 야자수 매트를 깔아 비나 눈이 와도 미끄럽지 않다. 누구나 안심하고 걸을 수 있는 산책로가 있었다.
　이번 추석은 긴 연휴 덕에 아이들과 부모님을 모시고 오는 사람들이 많이 보였다. 그곳에는 넓은 마당이 있어 윷놀이, 제기차기 같은 민속놀이를 할 수 있다. 먼 곳을 볼 수 있는 망원경 앞에는 동전을 준비한 사람들이 줄을 서서 기다렸다. 특히 전통혼례 복장을 한 인형을 세워놓아서 사진을 찍을 수 있도록 했다.

그 앞에서 부부로 보이는 사람들이 재미 삼아 사진을 찍는다. 연로하신 부모를 모시고 온 효녀 딸은 아버지, 어머니를 혼례복 인형 뒤에 세우고 얼굴만 나오게 하여 사진을 찍어주기도 했다.

할아버지는 보통 사진이면 그냥 포즈를 취할 텐데 옛날 생각이 나는지 얼굴에 수줍음이 가득하시다. 민망하다며 자꾸만 뒤로 물러서시고, 할머니는 은근히 즐기며 먼저 얼굴을 내미신다.

다른 사람이 사진을 찍을 때는 그냥 순서를 기다릴 뿐이었는데 이 두 분이 사진을 찍으려고 하자 기다리던 사람들이 모두 구경꾼이 되어 바라본다. 실제 결혼이라도 하는 양 축하객이 되었다. 할아버지는 점점 더 쑥스러워하신다. 이분들 덕에 잠시나마 웃을 수 있었기에 팔각정이 더욱 활기찼다.

먼 곳에서 온 듯한 사람들은 친구에게 청와대 뒷산 팔각정에 왔다고 자랑했다. 차편으로 가면 그 주변만 둘러볼 수 있지만 팔각정 가까운 곳에 사는 이는 걸어서 올라갈 수 있다. 틈을 내서 올라가면 하루의 운동도 될 듯하다. 더구나 연세 드신 분들도 천천히 올라가면 바로 산의 신선한 공기를 맛볼 수 있다. 여러 이웃분이 팔각정을 즐겨 찾았으면 좋겠다.

2.
멋진 미래를 꿈꾸며

멋진 미래를 꿈꾸며

　대중교통을 이용하다 보면 대부분 핸드폰에 빠져 있는 모습을 쉽게 볼 수 있다. 특히 젊은 사람들의 핸드폰은 옆에서 일어나는 일을 외면하기 위한 방패막처럼 보일 때가 있다. 노약자에게 자리를 양보하지 않아도 아주 자연스럽게 업무에 충실한 젊은이로 보이게 된다. 열심히 일하는 사람을 누가 탓하겠는가. 자리를 양보 받을 생각은 처음부터 기대하지 말라는 한 가지 방법처럼 보이기도 했다.
　오늘 친구가 짧은 문장 한 구절을 문자메시지로 보내왔다.
　'젊음은 자연이 준 선물이고 노년은 자신이 만든 작품이다.'
　자연이 준 선물을 어떻게 활용했던가. 젊은 시절에는 청춘이 아름다운 줄 몰랐다. 어렵고 힘든 일은 다 내 몫인 양 때로는 연세 지긋한 노인들이 부럽기도 했다. 지금 뒤돌아보면 그때는 귀한 시간을 왜 그리도 아껴 쓸 줄 모르고 낭비했던가. 물을 낭비하고 전기를 많이 쓰면 세금이 나오니 아까운 줄 알았지만, 시간 낭비는 아깝다고 말해주는 사람이 없었다. 시간을 선물로 받은 줄도 모르고 펑펑 쓰면서 살았다.

아이들 키우고 남편 뒷바라지로 인생의 전성기를 보냈다. 틈틈이 친구들을 만나면 이야기를 얼른 토해놓고 큰 웃음소리와 함께 한바탕 떠들면서 쌓였던 찌꺼기를 털어냈다. 그래야 일이 잘되었다. 오로지 반짝반짝 빛나는 살림살이를 으뜸으로 여기고 부지런한 노동의 재미가 쏠쏠했다.

노년은 자신이 만든 작품이다. 작품 속에는 지나간 세월의 그림자가 너무 어지럽게 널려 있다. 아줌마란 이름도 싫어서 누가 부르면 내가 아니기를 기대했는데, 이젠 옛날이 되고 말았다.

할머니라는 호칭은 손자를 안게 되면서 자연스럽게 얻었다. 나는 새로운 이름을 들으니 즐거웠다. 그러나 할아버지라는 소리를 듣게 된 남편은 그렇게 어색해하면서 섭섭해 하던 생각이 난다.

그것은 새로 태어난 손자한테만 허용된 이름이라고 생각했는데 낯선 사람이 이런 이름을 부르다니, 옆에 누가 또 있나 살펴보고 모른 척하고 지나친다. 하지만 해를 거듭할수록 그 호칭을 외면할 수가 없다.

이것만이 아닐 터. 열심히 살아온 세월에 남은 것은 외모뿐이던가. 이것저것 카드를 꺼내 보지만 신통한 게 없다. 그렇다면 일단 지나간 세월은 묻어 두기로 하자. 늦은 감이 있지만 늦다고 할 때가 가장 빠르다는 말이 있지 않던가.

지금이라도 하고 싶은 일에 우선순위를 정하자. 무엇을 하든 건강이 따라야 한다. 건강을 지키려면 뇌 운동을 함께해야 한다고 했다. 뇌를 건강하게 하려면 생각을 깊이 해야 하고 그것은 곧 글쓰기로 이어진다.

그동안 마음만 먹고 있었던 글을 쓰고 싶었다. 글쓰기가 좋기도 했지만 멋지게 보이는 것에 더욱 매료되었던 것도 한 가지 이유이다. 그러나 부지런히 노력해도 글쓰기만큼은 뜻대로 안 된다. 남들이 쓴 글을 읽을 때는 쉽기만 하더니 막상 무엇을 쓸 것인가, 생각만 해도 머리가 멍해진다. 그래도 이러다가는 아무것도 쓸 수가 없게 된다고 자신을 나무라면서 잠깐 쉬운 노래를 한 소절 부르며 머리를 식힌다. 쉬운 노래처럼 글도 쉽게 쓰이기를 기대하면서….

멋지게 나이 드는 법을 배우고 싶다. 그것은 내가 먼저 변해야 한다. 상대가 말하는 중에 말허리를 꺾고 들어가는 실례는 나이 든 사람이 하지 말아야 한다. 이것 하나만 깊이 생각해도 무의식중에 일어나는 실례는 피할 수 있지 않을까.

상대방의 말을 끝까지 들어주는 것도 자신의 수양이 될 것이다. 그러나 알면서도 실천이 안 되는 것은 타고난 성격도 있겠지만 나이 탓도 있을 것이다. 정말 멋지게 늙는다는 것은 외모가 아니라 내면에서 풍기는 인품일 거다.

얼마 전 인터넷상에서 화제가 되었던 아우디 차주 이야기다. 길옆에 세워둔 아우디라는 외제차를 손수레를 끌고 가던 어린 손자가 긁은 사건이다. 폐지를 팔고 할머니를 돕기 위해 수레를 끌고 가던 이들은 갑작스러운 일에 놀라서 어찌할 바를 몰라 울먹이고 있었다. 이때 등장한 중년의 아우디 주인 부부는 오자마자 대뜸 할머니께 머리 숙여 사과했다.

"차를 도로변에 세워 통행에 방해가 됐고, 그 때문에 손자가 차를 부딪치게 해서 죄송합니다."

손수레 위에는 콩나물 한 봉지와 바나나 몇 개가 덩그러니 놓여 있었다고 한다. 어린 손자가 세상을 알기도 전에 마음을 다칠세라 걱정이 되었다. 멋진 차의 외모보다도 차 주인의 사려 깊은 마음이 주변 사람들의 마음을 따뜻하게 했다.

늙음을 피할 수 없다면 품위 있게 나이 드는 법을 배워보자. 세월이 지나면 그냥 따라서 가는 것이 아니라 자신의 내면을 들여다볼 줄 알아야 한다. 내면에 잠재하고 있는 것을 글로 표현하기란 쉽지 않다는 것을 실감한다. 그러나 꿈꾸고 싶다. 미래를 빛낼 멋진 수필 한 편을 기대하면서 외로움과 맞서 보련다.

어머니의 은비녀

　댓돌 위에 놓인 하얀 고무신이 다소곳이 주인을 기다리고 있다. 동백기름을 바른 머리에 은비녀로 곱게 쪽을 찌고 하얀 모시옷을 입은 어머니가 방에서 나오신다.
　기도서와 묵주가 든 작은 가방을 들고 성당으로 가는 어머니의 뒷모습에는 가족의 안녕을 위한 책임감이 절절해 보였다. 뒤늦게 찾게 된 종교지만 자식들과 가정의 평안을 위해서 무조건 전심전력으로 빌고 또 비셨다.
　한글에 능통하지 못하셨던 어머니는 기도서를 읽기가 어려우셨다. 그러나 무속인을 찾아가 빌던 마음이면 무엇인들 못 하겠느냐고 하셨다. 열심히 하시더니 일 년여 뒤에는 기도서가 없이도 줄줄 외우시기에 자식을 둔 부모는 다들 그렇게 하는 것인 줄 알았다.
　우리가 살던 시골에는 교회나 특별한 종교가 없으니 거의 무속(巫俗)을 숭배하며 살았다. 어머니도 역시 그런 부모님 밑에서 자랐기에 그대로 따라 행하시던 점은 자연스런 일이었다.

거의가 친척들만 사는 동네였지만 자식들은 남의 집에서 음식을 먹고 오면 꼭 탈이 나곤 했다. 그러면 어머니는 귀신이 먹을 죽을 끓여 바가지에 담아 아픈 아이의 머리를 세 번 쓸고 주문을 외우면서 바가지와 칼을 사립문 쪽으로 힘껏 내던졌다. 칼끝이 어머니가 원하는 방향으로 향하면 우리는 금방 열이 떨어지고 아무 일 없었던 것처럼 일어났다고 했다.

어머니는 위로 두 아들을 잃고 다시 팔 남매를 두었다. 그래서 더욱 놀란 가슴이었지 싶다. 그럭저럭 자라 주어도 힘들었을 형편에 왜 그렇게도 잔병치레를 많이 했던지, 가지 많은 나무에 바람 잘 날이 없듯이 말이다. 가정상비약처럼 쓰디쓴 노란 알약이 있었다. 이 알약을 먹이려면 물 한 바가지는 준비해야 했다. 그래도 알약은 도리질을 해서 바닥에 떨어졌다. 심하게 병을 앓고 있는 딸이 있으면 어머니는 새벽같이 떡시루를 머리에 이고 아픈 아이를 앞세워 뒷산 야트막한 바위 앞으로 갔다.

"이 바위가 너의 어머니이니 절을 해라."고 하고 그 바위에 자식을 팔았다며 무병장수를 기원했다. 그 후로는 딸의 이름을 '바우'라고 불렀다. 그래서 우리 형제들은 이름이 둘이다.

재 너머 단골 점쟁이 할머니께 어머니라 부르게 하고 팔았다는 딸도 있었다. 점쟁이는 우리 집에서 가장 두려운 손님이었다. 그분이 오는 날은 모두가 긴장해 눈치를 보았다. 콩을 볶아 길에 뿌리고 자식들을 무탈하게 키우기 위해 굿도 많이 했다.

여러 형제 중에서도 내가 가장 병약했다. 금방 배가 아파서 넘어가고 방안을 기어 다니며 어쩔 줄 몰라 하니 어머니는 무당을 불러 한판 굿판을 벌이시곤 했다. 마당에서 방으로 다가오는 무당의 방울소리가 왜 그렇게 무서웠던지, 지금 생각하면 아마도 그 무서움 때문에 병이 낫지 않았나 싶다.

음력 이월 초하룻날 새벽이었다. 어머니는 정갈한 몸가짐에 한 올 흐트러짐 없이 빗질한 쪽찐 머리에 은비녀로 마무리를 하셨다. 이 모습에서 자식들을 지켜내겠다는 강한 의지력이 보였다.

어머니는 부엌에다 상을 차리고 촛불을 켰다. 식구 수대로 소지(燒紙)로 소원을 비는 일도 어머니의 몫이었다. 가장인 아버지, 다음은 아들, 딸 순서대로 이름을 부르며 종이에다 불을 붙여 두 손으로 위로 밀어 올리셨다. 그때 멀리 올라가면 그해는 소지가 날아오르듯 무탈하게 일 년을 잘 지내리라 생각했다.

일 년에 한 번 내려온다는 영등 할미에게 가족의 무탈함을 비는 행사였다. 대본도 없고 연습도 없이 주문을 줄줄이 외우셨다. 아마도 간절한 마음이 어머니를 그렇게 만든 것인가 하는 생각이 들었다. 자식들을 키우면서 몸이 아프거나 다쳐도 병원이 없었고 약 또한 변변치 않았다. 그래서 의지할 곳은 점쟁이와 무당밖에 없었다. 그러나 그들의 말에 휘둘리다 보니 잡귀에게서 벗어나고 싶었다고 하셨다. 딸들은 어머니가 소지를 올릴 때마다 누구의 것이 더 멀리 올라가는지를 지켜보며 앉아 있었다. 저렇듯 지극 정성을 쏟을 수 있을까 싶었다.

그때 어머니께서 성심으로 기도해 주신 덕에 우리가 무탈하고 우애 있게 잘살고 있지 않을까 싶다. 어머니가 떠나신 지 이십여 년이 지났지만 추억은 쉽게 잊을 수 없고 아직도 진행형이다.

당신과 일생을 함께해온 은비녀를 어머니가 떠나신 후 유품으로 내가 품고 왔다. 삶이 힘들거나 어머니가 그리워질 때 한 번씩 꺼내 보며 위안으로 삼는다. 빛을 잃었다가도 치약으로 닦으면 반짝반짝 빛이 나는 은비녀, 퍼내도 퍼내도 고갈하지 않는 어머니의 정성을 닮은 것 같다. 나는 가끔 사무치는 마음에 은비녀를 볼에 대 본다. 애정의 방식은 다르더라도 자식에 대한 마음만은 어머니를 본받고 싶다.

해병대 자원한 아들

　1993년 겨울 어느 날, 아들이 "엄마!" 하고 어깨에 손을 얹으며 다정하게 불렀다. 원래 성격이 다정다감한 편이라 무슨 일이 있느냐고 무덤덤하게 물었다. 표정이 그 어느 때보다 진지해 보였다. 며칠 있으면 입영 영장이 나올 거라고 했다. 입대 일이 일주일도 채 남지 않았다는 것이다.
　"아니, 이게 무슨 소리야."
　놀라봤자 이미 어쩔 수 없는 일이었다. 놀란 가슴을 진정시키기도 전에 지원한 곳이 해병대라고 했다.
　'왜 하필이면 훈련이 고되기로 소문난 해병대일까.' 하고 생각해 봐야 돌이킬 수 없는 일이었다. 이런 생각을 한다는 것이 어쩌면 자신만의 욕심이구나. 아들을 해병대에 보낸 모든 부모의 입장이 되어 냉정함을 찾을 때라는 생각이 들었다. 아들이 대견스럽기도 하고 벌써 이렇게 커서 큰일을 결정할 나이가 됐나 해서 놀랍기도 했다.

훈련소로 떠나던 날, 제 아버지의 부탁은 세 가지였다. 첫째 윗사람의 말을 잘 들을 것, 둘째 싸우지 말 것, 셋째 나서지 말 것. 이대로만 하면 군 생활은 별 탈 없이 잘할 수 있을 거라며 아들에게 믿음과 힘을 실어주었다.

친구 중 가장 먼저 입대하는 아들은 친한 친구 다섯 명과 함께 경북 포항으로 떠나 외갓집으로 직행했다. 근무할 부대가 포항에서 조금 떨어진 오천이었기 때문이었다. 무슨 일이든 먼저 하는 사람이 관심을 많이 받게 된다. 외갓집에서도 입대하면 고생할 것이라고 후한 대접을 받고 왔다는 후문이다.

훈련이 끝나고 자대 배치를 받던 날은 그동안 몸에 익힌 기상을 부모님께 보여주는 면회 날이기도 했다. 면회 오라는 편지에 그동안 가장 먹고 싶었던 목록이 적혀 있었다. 잘 구운 생선 한 마리, 초코파이, 통닭 한 마리. 이런 음식을 준비할 수 있는 곳은 훈련소 가까운 외가뿐이었다.

역시 외숙모가 정성껏 마련한 생선을 식지 않게 준비해 갔는데 이른 시간이라 통닭을 살 수가 없었다. 연병장 안에는 부모님을 기다리는 훈련병들이 절도 있는 자세로 모여 있었다. 두 눈은 반짝반짝 빛나고 한 사람이 움직이는 것처럼 행동했으며 구령소리 또한 우렁찼다.

그런데 같이 간 남편이 한참 동안 보이지 않았다. 다행히도 면회가 시작되는 순간 나타난 그의 손에는 통닭 한 마리가 들려있었다. 아들이 먹고 싶다는 말에 그냥 지나칠 수가 없어 여기저기 수소문해 통닭을 구해온 것이다. 아버지의 정이 담긴 통닭 맛이 오랫동안 기억될 것이다.

아들은 훈련 기간 고생한 흔적을 없애고 그래도 지낼 만하다는 것을 보여주기 위해 씻고 또 씻고 군화 닦고 군복 다리느라 거의 잠을 설쳤다는 얘기를 나중에서야 들려줬다.

그때가 가장 추운 12월이었다. 드디어 오랫동안 기다렸던 순간, 갑자기 '필승'이라는 우렁찬 목소리와 함께 거수경례하는 아들이 나타났다. 와락 눈물이 나왔지만 한편으로는 웃음이 나왔다. 그동안 고생한 흔적이 외모에 다 드러났지만 그래도 잘 견뎌낸 아들은 보란 듯이 눈빛이 살아있었다.

상봉하는 자리에는 여기저기 음식 냄새와 많이 먹으라는 소리로 왁자지껄했다. 우리 바로 옆에 앉은 어머니와 아들은 고구마를 먹고 있었다.

"어째서 고구마만 먹고 있어요?" 하고 물으니 아들이 하도 먹고 싶다고 해서 고구마를 한 솥 쪄왔다는 것이다. 아들의 소원을 들어주기 위해 고구마를 가져왔지만, 막상 다른 사병들과 비교해 보는 어머니의 표정에는 민망함이 가득했다. 그래도 아들의 표정은 밝기만 했다. 면회 온 부모들은 다른 아들도 다 내 자식인 양 이것저것 나누어 주며 같이 먹게 했다.

그 집 아들은 고구마가 많이 나는 곳에서 살았기 때문에 평소에 즐겨 먹던 것이 가장 생각났다고 했다. 오죽하면 집에서 먹다 버린 라면 국물까지 생각난다고 할까. 자라온 환경을 진솔하게 말하는 신병들이 귀엽기까지 했다. 그 아들은 그때 일을 추억 삼아 사회생활도 고구마의 달콤한 맛처럼 맛깔나게 살고 있으리라 생각한다.

아들은 자대 배치를 받고 백령도로 가게 되었다. 좀 더 가까운 곳으로 올 수 있게 해 보면 어떨까. 걱정이 앞서는 마음에 한마디 해 보았지만 아들은 원하지 않았다. 해병대를 자원했으니 잘할 수 있을 거라고 굳건한 의지를 보였다.

남자로 태어났으니 남들도 다 거쳐야 하는 길을 왜 걱정하느냐고 하면서 여자인 내 기를 죽였다. 내심 마음이 놓였다. 하지만 내가 그렇게 강하게 키운 것도 아니고 심한 어려움을 겪지도 않았는데 언제 이런 속 깊은 사람으로 자랐을까 해서 미덥기도 했지만 한편 안쓰럽기도 했다. 백령도는 배가 자주 다니지도 않지만 섬에 들어갔다가도 날씨를 잘못 만나면 나오기도 어렵다는 아들의 완강한 태도 때문에 제대할 때까지 면회도 가지 못했다.

"엄마가 보기 싫어서 못 오게 하는 것이냐?"

이렇게까지 물어보았지만 막무가내였다. 곧 휴가를 가게 된다면서 면회 가겠다는 말을 막았다. 그것이 진심인지 아닌지 반신반의했다. 제대한 뒤에 다른 부모들이 면회 갔던 이야기를 듣고 보니, 부모가 자식보다도 생각이 짧았던 것 같다. 아들은 제가 고생하는 모습을 어머니한테 보이고 싶지 않았던 거다.

미안한 마음에 군대 한 번 더 가면 면회 가겠다고 했더니 손사래를 치며 그쪽으로는 쳐다보기도 싫다고 했다. 그러나 해병대의 매운 훈련 맛은 삶의 어려움이 있을 때마다 쉽게 용기를 잃지 않고 힘을 얻을 수 있는 밑거름이 되었으리라.

월세방

'월세방 있습니다'라고 쓴 종이쪽지가 펄럭인다. 여기는 대학 가까운 골목이고 빨간 벽돌로 지은 이층집이다. 집주인은 청운의 꿈을 안고 찾아올 새내기 대학생들을 맞이할 준비를 하는 것일까.

월세방이란 단어가 갑자기 나를 고향 집으로 데려간다. 그때 농촌에서 도시로 이사 온 우리 집은 비교적 마당이 넓었다. 변변한 직장이 없던 오빠는 넓은 마당을 이용해서 집을 지었다. 방 하나 부엌 하나의 아래채를 월세로 놓았다.

포항에서 멀지 않은 오천에는 해병대 기지가 있었다. 해병대 중에도 계급이 높은 사람들은 가족과 함께 살면서 포항에서 출퇴근할 수 있었다. 그런 가족이 월세방을 많이 찾았다. 우리 집은 비교적 교통이 편리하고 가까운 시내에 시청이 있어서 세를 찾는 사람들이 많았다. 우리 집 월세방에도 여러 사람이 살다 갔지만 그중에도 특별히 기억에 남는 사람이 있었다.

서울에서 왔다는 해병대 장교는 정복을 입은 모습이 멋져 보였다. 그 부인도 우리가 생각했던 서울 사람답게 귀티가 났다. 그에 비해 우리 가족은 시골에서 이사 온 지 오래지 않아 시골 티를 못 벗고 순박해 보였을 거다. 이들의 훤칠한 외모 때문에 가까이하지 못하고 손님 대하듯 했었다. 외모로 볼 때 이런 월세방에서 견딜 수 있을까 싶었는데 기우였다.

며칠이 지나자 남편이 출근하고 나면 그녀는 우리 집에서 살다시피 했다. 그때 점심에는 별 반찬이 없었다. 보리쌀이 더 많은 밥과 김장 김치가 전부일 때도 있었다. 먹다 남은 그릇에 다 더 얹어온 김치 그릇이지만 김치가 생각나서 온다고 했다.

손으로 찢어먹는 김치가 맛있다며 손에 묻은 국물까지 맛있게 먹던 그녀를 어머니는 가족처럼 챙겼다. 아랫목을 차지하고 앉아서 부모님 자랑부터 자기 성장 이야기만 해도 일 년이 모자랄 지경이었다. 그때는 입만 열면 자랑이다 싶었는데 그런 환경에서 자랐으니 당연하다는 것을 시간이 지나면서 이해하게 되었다. 그들이 남긴 첫인상과는 달리 소탈한 정을 주고 떠났다.

잊지 못할 또 한 가족이 생각난다. 옛날 여성국극단으로 이름을 알렸던 임춘앵이란 단장이 있었다. 그 단원의 한 사람으로 박옥란이란 여배우가 있었는데 이 사람의 남편은 포항에 하나밖에 없는 나이트클럽 단장으로 색소폰을 연주하는 사람이었다. 이들도 우리 집에 월세로 들어왔다.

이분이 우리 집으로 들어올 때는 극단에서 은퇴했을 때고 배우로 생활한 이야기를 하지 않으니 몰랐다. 포항극장에 쇼가 들어오면서 배우들을 만나는 광경을 보고서야 그 시절 유명했던 배우 박옥란이란 걸 알게 되었다.

쇼 배우들은 선배가 입던 옷이라도 얻어가려고 우리 집에 들락거렸다. 쇼가 보고 싶은 우리 가족을 극장 맨 앞자리에 앉게 해 주었다. 그들도 역시 가족처럼 지냈는데 밤이면 북한 방송을 들으면서 우리도 들으라고 자기네 방으로 불렀다. 왜 들어서는 안 되는 방송을 듣느냐고 하면 재미있다고 했다.

이들이 사는 동안 우리 언니가 마당에서 전통혼례를 하게 되었다. 축사를 쓴다고 머리를 맞대고 물어보기도 하고 읽을 때 입으라고 예쁜 옷을 빌려준 기억도 난다. 그들도 일 년여를 살다가 무슨 일이 생겨 갑자기 도주해야 할 위기를 맞았다. 오빠에게 도주에 필요한 돈과 안내를 도와달라고 했다.

그 사람들이 나쁜 사람도 아니고 간첩도 아니라는 것을 알고 있는 오빠는 이 부부를 도와 부산까지 무사히 보내고 왔다는 이야기를 했다. 그때는 세를 든 사람을 가족처럼 여겼던 것도 방문만 열고 나오면 같은 공간이고 누가 무엇을 먹는지 다 알기에 가족처럼 지낼 수밖에 없었다. 우리 가족은 이웃과 함께 지낸다는 소박한 마음이었을 것이다.

그때만 해도 따뜻한 마음을 가진 사람들이 많았다. 밀린 월세는 물론이고 돈까지 빌려간 이들은 오랫동안 소식이 없었다. 빚

때문에 남겨두고 떠난 가방 하나를 한 번도 열어보지 않았다.
너무 오랫동안 연락이 없어 가방 속에 뭐가 들어있을까. 궁금한 우리 가족은 그때야 가방을 열어보니 공연할 때 입었던 옷 몇 가지가 전부였다. 그래도 그들이 잘 되어 찾아올 때까지 기다려주었다.
사정이 있어서 월세를 사는 사람도 있었겠지만 형편이 여의치 못해서 사는 것이 월세라는 것을 훗날 뼈저리게 겪게 될 줄이야. 그들이 무슨 잘못을 하고 그렇게 되었는지는 나와 동생에게는 어리다는 이유로 오빠가 말을 아꼈다. 그렇게 가족처럼 지냈던 분들도 이제는 아련한 옛이야기가 되었다.
해병부대가 가까웠던 포항 시내는 주말이면 군인들이 시내를 꽉 메우기 때문에 딸을 둔 부모는 저녁만 먹으면 외출을 금하는 것이 생활이었다. 여동생이 많았던 오빠가 아버지보다 더 두려운 존재였던 것도 훗날 우리 자매들의 이야깃거리였다.
그때 우리 집에 들락거렸던 많은 해병 가족들도 추억 속 이야기가 되었다. 밤마다 싸움질하던 가족, 아이가 울어 온 집안이 잠을 못 잤던 기억, 혼자 살던 장교 한 사람은 아침마다 "세숫물 좀 주세요." 하던 추억들이 아른거린다. 우리 집에 세를 살던 많은 사람도 나름대로 월세방의 서러움이나 어려움이 있었을 것이다.
나도 서울 생활을 위해 월세방을 찾아 헤매게 되었다. 이제 막 돌 지난 아기를 업고 산동네를 헤매던 날 서울에도 첫 한파가 찾아왔다. 매서운 겨울바람은 몸도 마음도 추운 새내기 모녀를 서럽고 힘들게 만들었다. 등에 업은 아기가 얼 것만 같아 자신이 춥다는 것은 생각할 겨를이 없었다. 그래도 혼자보다는 아기를 업은 덕에 한결 덜 추웠다. 그때는 젊기도 했으니까.

월세방을 찾아들어온 지 며칠 되지 않았으니 공동 수돗물을 길어오기도 서툴러 물통을 들고 넘어지기도 했다. 모든 것이 어렵고 힘들었지만 그때의 일들이 훗날 많은 도움 되었지 싶다. 인생 공부라고 하기에는 거창할지 모르지만 그때의 고생은 훗날 다시 없었다.

세든 집은 교회 축대 아래 집이라서 그 전날에는 찬송가가 울려 퍼지니 그래도 마음이 편했었다. 그런데 갑자기 화재 소식이 들렸다. 텔레비전도 준비하지 못해 라디오로 소식을 듣고 있을 때였다. 충무로 21층 대연각 호텔에 불이 났다는 뉴스였다. 그때가 1971년 12월 25일 크리스마스 날이었다. 라디오에서 나오는 뉴스는 갈수록 공포의 도가니였다. 뜨거운 불 속에 갇혀서 구조를 기다리며 수건을 흔들던 사람들의 환청이 들리는 듯했다. 크리스마스 전날 많은 투숙객이 머문 호텔이었다. 삽시간에 불은 21층 호텔 전체를 삼켰다.

집안에서 뉴스를 보던 사람들이 놀라 밖으로 나오는 바람에 텔레비전 화면을 잠깐 볼 수가 있어 더욱 실감했다. 이 사건은 한국 최악의 화재로 기록되어 지금도 대연각 화재라면 그때를 기억하는 사람들이 많다. 개인적으로 자신의 환경이 불안할 때라 더욱 충격적이고 평생 잊지 못할 사건이었다.

　서울 생활이 정들기도 전에 월세방과 한파의 서러움, 대형 화재사건은 훗날 어려움을 이겨내는 생활의 밑거름이 되었지 싶다. 그런데 인생이란 참 묘한 것 같다. 생활 중에 고통을 주던 난관들도 지나고 보면 먼 훗날 아련한 그리움이 되었으니 말이다.

막걸리와 건배사

 요즘은 어느 회식 자리에서라도 식사를 시작하기 전에 술 한 잔으로 모임의 의미를 강조한다. 술잔을 들고 부딪치는 말도 여러 가지다. 그 모임에 잘 어울리는 구호를 선택하는 것으로도 그 사람의 재치가 돋보이고 모임의 의미가 달라질 수 있다. 요사이 유행되는 건배사는 재미있고 재치 있는 말이 수도 없이 많다. 세월따라 유행되는 말이 있듯이 현 세태를 풍자하는 건배의 말도 넘쳐난다. 그중 한 예를 들면 오(늘처럼) 바(라는 대로) 마(음 먹은 대로)라고 즐거운 마음으로 건배를 한다.
 그러나 얼마 전 남북 이산가족이 상봉하는 자리에서 어느 기관 단체장은 건배 제의를 잘못하는 바람에 스스로 자리에서 물러났다는 신문기사를 봤다. 똑같은 오바마를 잘못 해석하여 그 자리에 모인 사람들을 민망하게 하여 화를 불러 왔다는 것이다. 예로부터 술은 잘 마시면 보약이고 잘못 마시면 독이 된다고 했다.

어릴 적 우리 집에는 언제나 막걸리를 빚는 항아리가 방 한 구석을 차지하고 있었다. 아버지는 하루라도 가양주(家釀酒)가 떨어지면 안 되는 것으로 알고 계셨기에 어머니의 막걸리 빚는 솜씨는 동네 누구도 흉내 낼 수 없을 만큼 칭송이 대단하셨다. 힘든 농사일뿐만 아니라 사기 그릇 공장까지 하셨던 아버지는 막걸리 한 사발로 목을 적시면서 그 힘든 일들을 해내셨던가 보다. 그런 아버지를 내조하는 어머니는 가양주가 떨어지지 않게 막걸리를 빚는 일에 온 정성을 다하셨다. 이런 분위기에서 자란 나는 여러 형제 중에도 아버지를 가장 많이 닮았다. 그래서인지 주량 또한 그 아버지에 그 딸이었다.

해마다 설날이 되면 우리 마당에는 동네 사람들이 모여서 콩을 넣고 맷돌을 갈아 두부를 만들고 참기름을 짰다. 왁자지껄한 동네 사람들 전체의 명절이었다.

내가 여섯 살쯤 어느 해 세밑 몹시 추운 날, 감기가 심하게 걸린 나는 꼼짝 못 하고 방에 갇혀 있어야만 했다. 그때도 설에 쓸 막걸리 항아리가 방 한쪽에 놓여 있었다. 술이 한창 발효될 때는 뽀글뽀글 거품이 생기면서 달짝지근한 향기가 풍겼다.

그 술을 맛본 어린아이는 한 번 떠먹고 문틈으로 누가 오나 내다보고, 또 한 번 먹고를 반복하고는 울렁울렁 그네를 타는 듯 아무것도 모른 채 잠들고 말았다. 어머니가 들어와 보니 아이는 혼수상태고 술독은 눈에 보이게 축이 나 있었다. 놀란 어머니는 동치미 국물로 해독을 시키는 등 집에서 할 수 있는 방법을 총동원했다. 어머니는 술 취한 어린 딸을 살리기에 최선을 다한 덕분에 목숨을 건졌다며 그때 놀랐던 얘기를 여러 차례 하셨다.

그 시절 가정집에서는 술을 담글 수가 없었다. 관청에서 금주 명령을 내리면 지키지 않은 가정은 벌금을 물기도 하고 때로는 지서에 소환당하기도 했다.

불시에 적발하러 나오곤 했는데, 마을 입구에 있던 개가 낯선 사람이 온다고 큰소리로 짖어대면 동네는 온통 초비상 사태에 돌입했다. 농번기가 되면 거의 집집이 농주가 있었다. 그런 일이 종종 있으므로 어른들은 아이들에게 평소에도 교육했다.

"너희 집에 술 있느냐고 물으면 없다고 해라." 하지만 관에서 나온 사람들이 다 알고 왔으니 내놓으라고 윽박지르면 순진한 아이들은 먼저 눈치를 보면서 술독을 파묻은 곳으로 달아나 어른들을 당황하게 하는 일이 벌어지곤 했다.

한동안 양주에 밀려 뒷전에 있던 막걸리가 다시 애주가들의 사랑을 받고 있다. 요즘은 젊은 층에서도 좋아하는 술이 되었다. 내가 어린 시절 농주로 사랑받았던 막걸리가 이제는 여성들의 입맛까지도 사로잡은 새로운 술로 거듭나고 있다.

막걸리에 여러 가지 과일을 넣어서 칵테일처럼 기호에 맞는 술이 되기도 했다. 색깔도 여러 가지다. 막걸리에는 사람에게 유용한 필수아미노산 10여 종이 들어있어 몸에 좋다는 말까지 한다. 술을 어른들 앞에서 배우면 주법을 바르게 배운다는 말이 있지만 그 시절에는 딸자식을 앉혀 놓고 술버릇을 가르치는 일은 상상조차 어려운 일이었다. 그러나 아버지는 술을 드신 후에 한 번도 흐트러진 모습을 보여주지 않았기에, 술도 음식의 하나라는 사실을 잊어본 적이 없다.

아버지의 애주(愛酒)만 닮은 것이 아니라 나는 많은 딸 중에서도 아버지의 왼손잡이를 닮았다. 외모도 유난히 아버지를 쏙 빼닮았다. 왼손으로 하지 않으면 할 수 없는 일도 있지만 술잔만은 아버지의 딸임을 명심하고 오른손으로 정중하게 받는다.

요즘은 술자리의 분위기를 즐길 뿐이지 애주가는 아니다. 하지만 건전한 술 문화와 서로를 위한 건배가 있고, 즐거움이 있는 자리에 어찌 빠질 수 있겠는가.

즐거운 유언

그분은 살아있을 때 가장 즐거운 날을 택해서 동네 사람들을 불러다 잔치를 벌였다. 그리고 그 자리에서 유언을 녹음했다. 다음에 자신이 세상을 떠나고 나면 장례식 때 이 유언을 틀어 달라고 부탁했다. 그리고 얼마 뒤에 그분이 정말 세상을 떠나고 꽃상여가 지나갈 때 "여러분 저의 장례식에 와 주셔서 정말 감사합니다."라고 허허 웃으면서 말하는 고인의 목소리가 흘러 나왔다. 장례식장에 모인 사람들 역시 웃으면서 잘 가라고 했다. 몇 년 전 어느 드라마에서 나왔던 장면이었다.

한세상 살다 가는 죽음의 길은 너무나 여러 가지가 있다. 유서를 남기고 세상을 떠난 행복 전도사, 아픈 병마를 이기지 못하고 남편과 동반 자살을 선택해 많은 이들을 안타깝게 했다. 누구나 한 번쯤은 그분의 신명 나는 강의를 들어보았으리라 생각된다. 그러나 다른 사람들에게는 행복을 전하면서도 정작 자신의 미래를 내다보지는 못했다. 누군가 세상을 하직했다는 안타까운 뉴스가 보도될 때마다 죽음에는 나이도 순서가 없고 재산도, 높은 학식도, 아름다운 외모도 다 소용없다고 느꼈다.

모두 부러워하는 것을 다 갖추어 행복하게만 보이던 사람도 괴로운 유서를 남기고 가는 것을 볼 때 세상 모든 부귀영화가 한낱 물거품이란 말이 실감난다. 얼마나 아프고 괴로우면 사랑하는 사람을 뒤로하고 다시 못 올 길을 떠난단 말인가. 남의 이야기라 쉽게 언급하고 또 그만큼 쉽게 잊히는 세상인심이 야속하기만 하다.

모든 사람이 건강하게 오래 살기를 추구한다. 그래도 백 년이란 세월은 보통 사람에게는 꿈이고 의학이 발달한다 해도 누구에게나 주어지는 시간은 아니다. 그렇다고 욕심낼 일도 아니다. 사실 물리적인 삶의 길이보다는 즐겁고 행복했던 순간을 떠올릴 수 있는 삶의 질이 더 중요한 법이니까.

어머니가 구순에 돌아가신 지 20년이 되었지만 장지에 모신 후 산소를 찾아가 절 한번 올리지 못했다. 어머니 생전에 이다음에 쉬실 곳은 어디가 좋으시냐고 물었을 때 늘 이렇게 말씀하셨다.

"친구들이 많이 있고 가까운 성당 산이 좋지."

그러나 종교에 관심이 없던 아들은 아버지가 계신 선산으로 모시자고 할 때 일곱 딸은 아무도 어머니 말씀을 받들려고 하지 못했다. 게다가 여러 자식 중에 나 하나쯤이야 하는 생각을 하다 보니 이제는 산소에 찾아간다는 생각조차 잊고 사는 자식이 되고 말았다.

깊고 깊은 산골에 묻혀 흙으로 돌아가거나 좁은 공간에 갇혀서 사진 한 장을 앞에 놓고 가족을 기다리는 것이 무슨 의미가 있을까. 어차피 잘 찾아오지 못할 자식을 불효자로 만드는 것도 바람직하지 못한 일이다.

몇 해 전 아들이 사는 영국 런던에 갔을 때다. 아들 가족과 함께 어느 공원에 가서 한참을 걷다가 벤치가 보이기에 쉬었다 가려고 앉았다. 의자 등받이에는 고인을 추모하는 아름다운 문구가 인상 깊었다.

'이분은 몇 년 도에 태어나 어떻게 살다간 사람이고 누가 이 사람을 추억하기 위해 이 벤치를 만들었다'는 내용이었다. 몸은 이미 세상을 떠났지만, 이토록 아름답게 마무리해 주는 사람이 있는 것을 보니 이분의 행복했던 삶이 보이는 듯했다.

그냥 지나치기가 아쉬워 자꾸만 벤치를 만지면서 아들에게 참 좋은 것을 보고 간다고 했다. 나도 이렇게 해달라고 했더니 하하 웃으면서 그렇게 하겠다고 약속했다. 지금은 아들에게 농담처럼 들리겠지만 훗날 분명 즐거운 유언이 되리라 생각했다. 문득 오늘까지 살아온 내 모습을 되돌아보았다. 지금 내 삶의 여행 시점은 어디쯤일까. 싱싱하던 여름도 다 지나고 늦가을의 뒤안길일까, 아니면 겨울을 맞이하려고 가을을 다 보내버린 서늘한 초겨울일까.

나는 우리 아이들이 쉽게 찾아올 수 있는 곳이면 어디라도 좋다. 내 이름을 새긴 곳에 누구라도 쉬었다 가면 쓸쓸하지도 않고 계절 따라 즐길 것이다. 언제나 아름다운 풍경과 새들의 노랫소리를 들으며 겨울이면 하얀 눈을 이불 삼아 포근히 쉴 수 있는 곳, 그리고 할머니를 만나러 가자며 아이들이 소풍 삼아 올 수 있는 곳이라면 가장 이상적인 쉼터가 될 것이다.

그리고 사진 한 장을 남겨두는 것도 가장 행복했던 순간의 모습이기를 원한다. 아름다운 시작보다는 아름다운 끝을 맺으라는 말이 있고 생전에 유언을 세 번 써 보면 인생관이 달라진다고 했다.

행복하게 살았으면 떠날 때도 아무 미련 없이 그동안 소유했던 모든 것을 내려놓고 가벼운 마음으로 떠나겠다. 그러면 내가 바라는 즐거운 유언이 될까?

재활용하는 페트병

 아쉽게도 짧은 가을을 보냈다. 곱게 물든 가을 산을 잠깐 쳐다보고 나니 어느새 스산한 초겨울이 창문을 두드린다. 언제부터인가 예쁜 봄옷을 입어보기도 전에 여름이 찾아오고 가을도 그렇게 가버렸다.
 오늘 아침은 올해 들어 가장 춥고 산간지방에는 눈 소식이 있다. 첫 추위에 떨면 감기로 고생한다는 말이 생각나 따뜻한 점퍼를 입고 나섰다. 이 옷은 며칠 전에 산 옷이다. 젊은이들이 즐겨 찾는 옷 가게를 간다기에 딸을 따라나섰다. 보기에 따뜻해 보이는 옷에 끌리어 이것저것 살펴보고 아이들이 입어보는 옷도 평을 해주었다. 바깥 날씨 탓인지 따뜻한 옷이 좋아 보여 나도 입어보았다. 손녀가 "할머니, 그 옷을 입으니 젊어 보여요." 하고 부추겼다. 그때가 할인판매 기간이라 '원 플러스 원' 가격이라 부담이 적으니 한 가지씩 골라 담았다.

이 제품은 페트병을 재활용한 섬유로 지은 옷이라니 더욱 정감이 갔다. 옷의 품목은 다양했다. 가볍고 멋스러운 패딩, 여러 가지 디자인의 점퍼, 포근한 티셔츠와 바지도 마음대로 골라 살 수가 있었는데 같은 옷이 아니어도 하나 더 주는 것이 허용되었다. 매장을 둘러보면서 마음대로 입어보고 살 수 있어 좋았다. 옷 한 가지를 고를 때마다 마음에 드느냐고 물어보며 부담 주던 때와는 달리 쇼핑이 편리했다.

옷의 종류도 많았고 쇼핑도 자유로웠다. 가볍고 보온성이 뛰어난 긴 패딩 코트, 따뜻하고 포근한 티셔츠, 실내에서도 간편하게 입을 수 있는 조끼도 있었다. 아이들 매장에는 앙증맞고 귀여운 옷들도 다 페트병으로 재활용한 것이라 했다. 처음에는 의류용 충전재로 쓰이다가 실을 뽑아 의류를 만들게 되었다고 한다.

이 옷의 장점은 보온성이 뛰어나고 디자인이 무난하며 가격 또한 비싸지 않아 남녀 누구나 부담 없이 따뜻한 겨울을 날 수 있겠다는 생각이 들었다. 제품을 담아주는 봉투도 옥수수로 만들어서 일 년 후면 녹아 없어진다니 비닐봉지가 걱정인 요즘 반가운 일이다.

비닐을 만드는데 5초, 사용에 5분, 썩는 데 500년이 걸린다고 하니 되도록 사용하지 않는 것이 애국이다. 비닐뿐 아니라 의복도 과잉생산이라고 할 만큼 버려지는 옷이 넘쳐난다. 이렇게 버려지는 옷을 수거하여 세탁과 수선을 거쳐 중고의류 사업을 하는 사람의 이야기를 들었다. 연 매출이 얼마라고 했는데 기억은 나지 않는다. 하지만 굉장한 자부심과 누구라도 우리 회사에 와서 일하고 싶은 일터로 만드는 것이 꿈이라고 털어놓았다. 깨끗하게 손질한 옷은 많은 소비자의 발길이 끊이지 않는다고 했다. 디자인이나 색상만 잘 고르면 새 옷에 비해 만족도가 떨어지지 않으니 사업은 전망이 밝다는 자부심을 보였다.

넘쳐나는 옷을 보니 문득 옛날 생각이 난다. 모든 물자가 귀했던 시절 새 옷 한번 얻어 입기도 어려웠다. 형제가 많은 집에는 큰 형만 새 옷을 사주고 그 아래로 동생들은 형의 작은 옷을 물려 입어도 불만을 몰랐고 그것도 좋아했다. 더 아래 동생은 해진 옷도 엄마의 손만 거치면 오래도록 입을 수 있었다. 이런 시절을 기억하는 것도 우리 세대가 마지막이 아닌가, 격세지감을 느낀다.

옷의 원료가 되는 플라스틱은 투명하고 깨끗한 생수병만 따로 모아야 한다. 재활용품을 내보낼 때는 생활용품으로 재생되어 다시 돌아온다는 생각을 잊지 말아야 한다. 공동분리 수거장으로 가져가 각각 수거함에 올바르게 넣어야 한다.

몇 년 전 미국 서부 캘리포니아주 어바인이라는 곳에 갔을 때다. 집에서 나오는 폐기물을 분리하지 않고 한 곳에 마구 버리는 거였다. 며칠 만에 컨테이너에 가득 찬 폐기물을 청소차가 와서 견인해 갔다. 큰 소파부터 음식물 쓰레기까지 그곳에 던져버리면 그만이었다.

그때 한국은 이미 철저하게 재활용품을 분리하던 때라 너무 놀라웠다. 이렇게 해서 다음은 어떻게 하느냐고 물었더니 청소차가 와서 끌고 소각장으로 간다고 했다. 그만큼 소각장 시설이 잘돼 있기 때문이라고 해서 버리는 사람들 처지에서는 편해서 좋겠다고 생각했다.

지금은 우리나라에서도 많은 쓰레기가 소각장으로 들어간다고 하니 환경부에 기대해 본다. 스포츠용품으로 알만한 브랜드들도 이미 페트병으로 옷을 만드는 사업에 동참한다고 들었다. 더 널리 홍보하여 많은 사람이 자원을 재활용한 옷을 입는 것에 관심을 가졌으면 하는 바람이다.

폐기물들이 재활용으로 다시 태어나 깨끗한 환경을 차세대에 물려주었으면 좋겠다.

사진 한 장

　먼동이 트기 전 싸늘한 새벽, 어머니의 기척에 잠을 깬 나는 조용히 일어났다. 문구멍으로 가만히 내다보면 망부석처럼 서서 손만 약간 움직이는 어머니. 어머니는 정화수를 떠놓고 정갈한 자세로 기도를 드리셨다. 언제나 서쪽을 향한 채 빌고 또 빌었다. 애절한 소원이 담겨있기에 장독대는 맑은 기운이 감돌았다. 군에 간 아들의 안전과 면회하러 가는 남편을 위한 간절한 기도였다.

　밥솥에서 밥을 풀 때는 언제나 먼저 아버지, 다음은 아들의 밥그릇이었다. 수북하게 밥을 담은 밥그릇을 늘 부뚜막에 나란히 두었다. 그래야만 집을 나선 가장이나 군대 간 아들이 배고프지 않을 거라는 믿음이 있었기 때문이었다. 외아들이 신병 훈련을 끝내고 자대 배치를 받은 곳이 제주도였다. 교통이 어려웠던 때라 제주도라는 소식에 부모님의 놀란 가슴은 말할 수가 없었다. 그때나 지금이나 군대에서 매를 맞아 제대 후에도 고생하는 사람들이 있다는 것을 알기에 더욱 애가 탔을 것이다. 어머니는 풍문으로 들리는 좋지 못한 병영 생활에도 가슴앓이를 하셨다.

할아버지는 말을 타고 관청에 나가서 벼슬살이하셨다. 할아버지의 헛기침 한번에도 동네 사람들은 가던 길을 멈추고 읍을 했다고 한다. 그 시절에는 장남만 대접을 받았다던가. 아버지는 삼 형제 중 둘째로 태어나셨다. 장남만 공부시키면 된다는 할아버지의 고집에 따라 아버지께서는 학교나 서당 같은 곳에 한 번도 발을 들여놓지 못했다. 딸들 처지에서 보면 할아버지가 야속하기만 했다. 그런 아버지는 당신이 글을 모른다는 것을 원망하기보다 자식들은 절대로 까막눈을 만들어서는 안 된다고 굳게 다짐했으리라. 처음으로 얻은 큰딸을 신식학교에 입학시켰을 때 얼마나 마음 흐뭇해하셨을까.

부지런한 아버지는 담배 농사도 많이 지으셨다. 담배를 공출하는 날에는 많은 돈이 들어왔다. 아버지는 전에도 그런 큰 거래를 해 보셨겠지만, 그보다도 이제는 우리 딸도 학생이라는 자부심이 더 크셨을 거다. 담배 매상한 돈을 계산하는 데 딸의 도움이 필요했거니와 학생을 둔 아버지라고 당당하게 자랑하고 싶으셨을 거다.

그러나 딸은 아직 아버지의 걸음을 따라가기에는 어린 나이였다. 마음이 바쁜 아버지는 딸을 지게 위에 지고 읍내까지 종종걸음으로 가셨다. 계산할 때가 되었다. 어린 딸은 담배 한 줄에 얼마냐고 묻더니 한 묶음에 금 하나씩을 그어 딱 맞게 셈을 했단다. 아버지는 똑똑한 딸을 보면서 얼마나 뿌듯하고 어깨가 으쓱하셨을까.

그런 아버지가 군대 간 아들의 면회 길에 오르셨다. 담배 농사로 모은 돈을 가방에 담아 가족과 동네 사람들의 배웅을 받으며 길을 떠나셨다. 늘 옆에 계셨던 아버지의 부재로 집이 텅 빈 듯했다. 돌아올 날은 아직도 멀기만 한데 우리는 벌써 아버지를 기다리기 시작했다.

뒤뜰 담 옆에는 늙은 대추나무 한 그루가 있었다. 우리는 저녁만 먹으면 그 나무에 올라갔다. 나무 위에서 보면 아랫마을과 멀리 신작로까지 다 보였다. 언니가 내려오면 동생이 올라가기를 일과처럼 했다. 그때는 아버지를 기다리는 일이 우리들의 놀이였다.

아버지가 안 계신 동안 좋았던 것은 손톱 깎기에서 해방되었다는 사실이었다. 머리를 너무 박박 빗겨주는 바람에 도망가기도 했었으니까. 가위로 짧게 자르면 아프다고 엄살도 부렸다. 언니들의 긴 머리도 정성스럽게 땋아주셨던 자상하신 분.

그렇게 기다리던 며칠 후 아버지가 오신다는 소식이 먼저 날아들었다. 동네 사람들은 모두 내 일처럼 모여들었다. 아주머니들은 부엌에서 불을 지피며 음식을 장만하고 마당에는 멍석을 깔았다. 아들 면회 갔다 온 소식을 듣기 위해 동네 사람들이 일찍부터 기다렸다. 집으로 오면서 기다리고 있을 가족이나 동네 사람들에게 무슨 말을 먼저 해야 할지, 아버지는 얼마나 무거운 마음으로 발걸음을 옮기셨을까 생각하니 지금도 가슴이 먹먹하다.

아버지의 첫마디가 "본 것이나 진배없어." "그럼 만나지 못했다는 말씀이세요." 궁금해 하는 가족과 동네 사람들의 시선을 받으며 그간에 겪은 이야기를 한숨을 섞어 풀어놓으셨다.

딸들은 지금도 아버지를 추억할 때면 '본 것이나 진배없다'라는 말을 하며 그 순간을 떠올려 본다. 교통이 열악했던 시절 부산까지 가는데도 여러 날이 걸렸다. 부산에서 제주 가는 배를 타려고 보니 가방에 있어야 할 돈이 몽땅 없어졌더라는 것이다. 아버지는 남의 가방만 노리는 자들의 표적이 되었다. 예리한 칼자국은 그 순간을 섬뜩하게 했으리라.

이런 이야기를 가족이나 동네 사람들 앞에서 해야만 했던 아버지의 심정을 생각하면 지금도 분하고 슬픈 마음 금할 길이 없다. 본 것이나 진배없다는 말속에는 아버지의 절망과 가족에게 부끄럽고 미안한 마음이 담겨있다. 아들을 만난다는 기대와 설렘으로 더욱 참담함을 느꼈으리라. 마침 제주도로 아들 면회 간다는 사람을 만났다. 우리 아들을 만나면 아비가 부산까지 왔다가 못 만나고 돌아갔다는 이야기를 꼭 좀 전해달라고 부탁했다고 하셨다. 아버지의 이야기는 밤이 이슥하도록 이어졌다. 이웃 주민들은 아버지에게 다시 면회하러 가면 된다고 위로했다.

어머니가 밤을 새워 준비한 전대를 허리에 찬 아버지는 다시 아들의 면회 길에 나섰다. 대추나무는 또다시 우리의 전망대가 되었다. 등이 약간 굽은 대추나무 줄기가 반질반질해질 무렵 아버지께서는 꿈에서라도 듣고 싶었던 아들 소식을 한 아름 안고 오셨다. 아버지의 이야기는 그해 세밑까지 끊이지 않았다

어머니의 간절한 기도 덕에 오빠는 군 복무를 무사히 마치고 제대를 했다. 그날은 동네 잔칫날이었다. 사람들이 늘 착한 아들이라고 칭찬했던 말을 실감하는 날이었다. '하나밖에 없는 아들이 열 아들 부럽지 않다'라던 말의 의미를….

아버지는 읍내에 있는 사진사를 불러 가족사진을 찍었다. 그 날 찍은 사진이 아버지의 영정사진이 될 줄은 생각지도 못했다. 사진 한 장 남기는 것도 특별한 날이 아니면 어려웠기에 우리 가족이 아버지를 모시고 찍은 사진으로는 처음이자 마지막이었다.

사진의 아버지는 점점 색이 바래 가는데 내 기억만은 날이 갈수록 선명하게 되살아나는 것 같다. 팔 남매의 마음에 자리한 아버지는 아직도 착하게 잘 살라고 당부하신다.

걸음마

　재활병원 로비에서 중년의 부부를 만났다. 그 남편은 두 팔을 벌려 환자가 혹시나 넘어질까 노심초사하며 감싸 안을 준비를 하고 있다. 환자는 안간힘을 다해 한발을 떼었다.
　"앗싸!" 하는 소리와 함께 보호자는 "그래 그렇게." 아내가 대단한 일이라도 한 듯 안도의 숨을 쉬며 다시 한 발 떼기를 기다렸다. 흐르는 땀을 닦아주며 대견하다는 표정으로 쳐다봤다.
　지켜보는 이의 마음이 이렇듯 안타까운데 정작 이들은 그저 일상인 듯 편한 표정을 지었다. 처음에는 말을 걸어 물어보기도 쉽지 않았는데 궁금하면 알려주겠다는 듯, 한참 말이 없던 그녀의 남편이 대답했다.
　워낙 오래다 보니 그저 무덤덤하게 보였다. 한창 재미있게 살 나이로 보였다. 그러나 아내가 갑자기 얻은 병으로 이제는 다 체념했다고 하면서 허탈하게 웃었다. 병원 생활도 할 만하다고 하는 남편의 얼굴에 드리운 것은 인생무상인가.

한 남자가 벽에 부착된 안전봉을 잡고 한 발을 떼는데 힘들어 보였다. 그 옆에는 여자가 불안한 듯 바짝 붙어 보호했다. 이들도 젊은 부부로 보였다. 이 환자도 처음 발병했을 때 얼마나 놀랐을까. 하늘이 무너지는 경험을 했을 것이다.

그러나 시간이 지나면서 절망했던 마음은 어디로 가고 연민의 정으로 보호자가 된다. 더 시간이 지나면 무덤덤해지니 그때부터는 먼 길을 나서는 여행객처럼 재촉하지도 않고 조급함도 버리고 운명에 순응한다. 복도에서 만난 그들 부부도 인내와 타협하고 걸음마를 시작했을 것이다.

걸음마는 돌이 된 아기가 첫발을 떼려고 넘어질 듯 말 듯 하는 발걸음이다. 아기가 한 발 두 발 떼느라 안간힘을 쓴다. 그 모습을 본 엄마는 손뼉을 치며 아기 대신 걸음마를 할 듯이 응원한다. 아기가 신이 났는지 넘어져도 또 일어난다. 내친김에 '아홉, 열' 하는데 털썩 주저앉는다. 엄마의 기쁨은 대단하다.

세상에서 내 아기가 제일 똑똑하고 잘 나 보이고 성장도 빠르다며 감동한다. 벌떡 일어나 아기를 안고 행복해한다. 엄마의 칭찬은 아기에게 날개를 달아준다. 사랑과 칭찬이라는 보약을 먹은 아기는 어느새 청소년기를 거쳐 성인이 된다.

이렇게 부모가 물려준 두 발로 한세상 행복하게 살아갈 의무를 준다. 옛 어른들은 부모에게 물려받은 몸은 털끝 하나라도 다치면 불효라고 알았다. 그러나 생활의 폭이 넓어지고 확연히 달라진 교통수단에도 사람들은 자유로울 수가 없다. 자신의 부주의나 타인의 잘못으로 불편한 몸이 되기도 한다.

이들을 바라보고 있는 나도 환자 가족을 두고 있다. 한쪽 손이 조금 어둔한 남편은 재활 치료를 받는 중이다. 그 또한 감사한 마음이다.

긴 여정도 첫걸음부터 시작하듯이 그들도 처음 만났을 때는 행복한 꿈을 안고 결혼했을 것이다. 서로에게 힘이 되기를 원했고 아픔을 안겨 주리라고는 상상도 못 했을 것이다.

부모에게 받은 두 발로 각자 꿈을 이루어 육상 선수나, 국가를 대표하는 축구선수가 되어 국민에게 희망과 기쁨을 주기도 한다. 발끝으로만 서는 발레리나가 되기도 해서 세계인의 부러움을 사는 선수가 되기도 한다. 두 발로 걸어서 세계의 지붕인 에베레스트 산을 정복하고 자랑스럽게 태극기를 꽂고 만세를 부른다. 사람은 두 발만 있으면 못할 것이 없다고 생각한다.

건강의 척도를 알아보려면 그 사람의 발을 본다고 했다. 발바닥이 깨끗하고 각질이 없으면 우선 건강하다고 한다. 걸음을 잘 걷는 사람은 발바닥이 움푹 들어가야 한다. 사람에 따라 평발도 있지만 이런 발은 걸음이 느리고 쉽게 피로를 느낀다.

서울광장에 설치된 스케이트장에서 많은 사람이 스케이트를 타고 있다. 숙련된 솜씨로 얼음을 지치는 사람도 있고 다소 엉성한 자세로 타는 초보자도 있다. 초보자는 넘어지기 마련이다. 그러나 넘어져도 괜찮다. 넘어져도 일어나기를 반복해야 배울 수 있다. 인생도 이와 같다. 넘어지고 다시 일어서야 더 큰 것을 얻을 수 있다.

오랫동안 마음을 두고 노력하고 있는 글쓰기에서 나는 아직도 걸음마를 벗어나지 못하고 있다. 다른 사람이 쓴 글을 읽고 겁 없이 마음을 먹었던 것이 고생길인지 갈수록 어렵다. 문우 중에 작품집을 출간한 분이 있어 책을 받으면 그저 감사한 마음으로 읽으면 되는 줄 알았다.

이제는 여러 번 받기만 하다 보니 나는 언제 이런 책을 선물할 수 있을까. 부러움보다는 지나간 시간이 아깝다는 자책감이 든다. 그러나 독자가 읽고 허탈함을 남기지는 말아야지, 하는 책임감이 드는 걸 보면 나는 아직도 걸음마에서 벗어나지 못한 것 같다. 조금 더 자신감이 생겨 책을 낼 수 있을 때까지 열심히 걸음마 연습을 해보자. 무슨 일이든 처음은 걸음마로 시작하지만 거듭 연습하고 노력하다 보면 쉽게 걸을 수 있고 달릴 수도 있다.

욕심이 아닌 실력으로 한 걸음 더 나아갈 수 있는 날을 위해 부단히 노력하련다. 돌을 지난 아기도 걸을 수 있는 걸음마를, 다시 눈물겹도록 연습하는 환자들도 하루빨리 병상에서 벗어나 훨훨 날 수 있기를 응원한다. 병실의 당신 앞에도 화창한 봄날이 기다리고 있을 거다.

오래된 인연

 장맛은 오래될수록 깊다고 하듯이 친구도 오래된 사람이 좋다. 서로를 잘 알기에 조금 실수를 해도 '괜찮아. 그런 것쯤은 아무것도 아니야.'라고 웃어넘긴다. 그래서 한번 인연이 된 사람은 소중하다. 보약 같은 친구라는 유행가도 있듯이 누구라도 혈육의 정 못지않게 좋은 친구가 있다. 더 진정한 친구는 재산과도 바꾸지 않는다는 말이 있다. 지란지교(芝蘭之交) 같은 사이가 있으면 잘 살아왔다고 할 수 있지 않을까.
 내게는 이런 인연에 버금가는 주방기구가 있다. 조리할 때마다 쓰는 두 가지는 없어서는 안 될 만큼 제 역할을 다한다. 아무리 겉모양이 잘 생겨도 자주 쓰지 않는 물건들이 있다.
 살림이 무엇인지도 모르고 시작한 부엌과의 인연, 우선 꼭 있어야 할 그릇들만 갖추고 어설픈 주부가 되었다. 아기를 업을 때면 첫 선물로 얻은 포대기를 두르고 단단히 묶지만 얼마

가지 않아 자꾸만 흘러내렸다. 아기를 많이 업어본 경험이 없기 때문이었다.

친정어머니가 '혼자서 아기나 제대로 업고 다닐까?' 하고 걱정하시던 새내기 엄마다. 아기가 위태로울 만큼 어설픈 차림으로 재래시장 나들이에 나섰다. 딱히 무엇을 사야겠다는 계획도 없었다. 걷다가 눈에 들어온 것이 양은 채반과 대나무로 된 뒤집개를 푼돈을 주고 새 식구로 맞아들였다.

내 손으로 살림살이를 장만했다는 뿌듯함에 아이를 위태롭게 업고도 즐거운 마음으로 돌아왔다. 그 기억이 엊그제 일인 듯 생생하다. 그렇게 구입한 두 가지 주방기구를 오십여 년이 지난 지금까지 쓰고 있다. 거의 같은 시기에 함께한 가재도구들이 더러 있다. 이 그릇들은 거의 쓰지 않고 자리만 차지하고 있어 아깝다는 생각이 들었지만 과감하게 버렸다. 그런데도 양은 채반과 뒤집개는 가장 많이 쓰고 있다. 아무래도 구입한 동기가 한몫하지 않았나 하는 생각이 든다.

대나무로 된 뒤집개는 가스레인지 가까이 두어서 검게 화상을 입기도 했다. 오랜 손때가 묻은 제 모습을 아는지 다소곳하다. 미안한 마음으로 다독이며 불만 없이 일을 도와준다.

양은 채반은 상추를 씻을 때나 나물을 삶아서 건질 때 없으면 안 될 소중한 그릇이다. 오랫동안 세월을 같이 했으므로 색은 벗겨지고 모양이 약간 찌그러지기도 했지만 쓰는 데는 지장 없다.

가까운 관광지를 가도 향나무로 만든 뒤집개가 흔하다. 구경삼아 보다가 상인들의 권유에 못 이기는 척 하나 사지만 잘 쓰지 않게 된다. 요즘은 플라스틱 재질로 된 예쁜 뒤집개도 많다. 오래된 것을 뒤로하고 새것을 쓰고 싶어서 구매한다.

프라이팬도 새것이니 새로운 마음으로 전을 부치고 있는데 대나무 뒤집개가 버림받은 친구처럼 힐끗 쳐다보는 듯했다. 나도 눈길이 갔다. 내가 뭘 잘못 한 것처럼, 둘 다 머쓱했다. 사람과 맺은 인연도 아니고 그야말로 흔한 일일 텐데 미안한 마음이다. 성격상 한번 맺은 인연은 좋든 나쁘든 오랫동안 끊지 못하는 것도 나만의 장점인지 단점인지는 모르겠다.

그릇을 살 때 등에 업혔던 아기는 중년이 되었고, 장을 본 물건들을 들고 끙끙대던 새댁은 어느새 손자들의 할머니가 되었다. 세월이 그렇게 흘러가 버린 것이 눈 깜빡할 사이라고 하면 과장일까.

오랜만에 온 며느리가 부엌에서 일하다가 "어머니 이거 되게 오래된 것 같은데요." 하며 웃는다.

"그건 오래된 내 친구야."

다른 사람이 볼 때는 보잘것없는 물건같이 보일 게다. 그래도 여러 번 이삿짐 속에 따라와 주었고 묵묵히 나를 도와준 고마운 친구다. 하찮은 물건도 꼭 필요한 때가 있듯이 나도 노후에 누군가에게는 꼭 필요한 사람이 되었으면 하는 바람이다. 늙고 낡은 겉모양만 볼 것이 아니라 쓰임의 진정한 가치를 알

앉으면 좋겠다.

『심플하게 산다』라는 책을 읽은 적이 있다. 꼭 필요한 물건만 정리해두고 살면 늘 쾌적하게 생활할 수 있고 오래된 것은 버려야 새것으로 채워진다는 내용이다. 이렇게 버리다 보니 너무 많은 물건이 폐기물이 된다.

얼마 전 텔레비전을 보다가 바닷가에 밀려온 의류 더미를 보게 되었다. 많은 옷이 한 덩어리가 되어 엉켜있었다. 저것들이 다 사람들이 만들어낸 옷인가, 믿어지지 않았다. 거대한 옷더미는 항해하는 배에 걸리기도 하고 바다의 쓰레기로 심각한 문제가 된다고 했다. 그곳 주민들이 건져낸 옷은 어느 나라에서 생산된 옷이라며 명품 청바지를 들어 보였다.

요즘은 옷이 흔하다. 멀리 갈 것도 없이 내가 사는 아파트에서도 입지 않은 옷들이 마구 쏟아져 나온다. 수거해가는 날이 하루만 지나도 옷을 담는 통 근처에 보따리가 쌓인다.

아직도 쓸 만하고 입을 만한 물건들이 폐기처분되는 것은 보면 아깝고 걱정스럽기도 하다. 너무 많은 옷을 버리기에 수거하는 업체에서도 감당하기 버겁다고 할 정도다. 새것도 좋지만 물자를 아낄 줄 아는 지혜가 아쉽다. 아나바다 운동을 외쳤던 때가 엊그제 같은데.

흐린 날의 종로 풍경

 '종로에는 사과나무를 심어보자 그곳에서 꿈을 꾸며 살아가리라.'
 어느 가수는 이렇게 노래했다. 하지만 사과나무는 보이지 않는다. 대신 출근 시간이 조금 지나면 중무장을 한 노인들이 밀물처럼 모여든다. 처음 보는 사람은 '무슨 특별한 날인가, 무료 공연이라도 있나' 하고 같이 밀려가 보고 싶은 충동을 느끼게 될 정도다.
 유난히 춥고 눈이 많이 왔던 지난겨울, 종로3가 지하철 역사는 발 디딜 틈이 없이 복잡했다. 1, 3, 5호선으로 갈아타는 역이기에 언제나 복잡하다. 눈과 추위 탓에 사람들이 많이 모여 있는 곳으로 가 보니 그곳에는 '무료 이발을 해드립니다'라고 쓴 종이가 붙어 있었다. 의자 세 개가 놓인 곳에서 차례가 오기를 기다리는 사람들이 길게 줄을 서 있었다.

그 복잡한 틈새를 타서 장사하는 사람도 있었다. 신문지 한 장 위에 와이셔츠 한 장을 곱게 개어 놓고 '오천 원'이라고 써 놓았다. 그 옷에 새 주인이 있을지 궁금했다.

노인들은 삼삼오오 모여 앉아 이야기를 나눈다. 더러는 즐거워 보이지만 이야기 상대를 찾지 못해 혼자 앉아 있는 이도 있다. 이날처럼 눈이나 비가 와 밖에 나가지 못하는 날에도 이들이 지낼 수 있는 시설이 시급하다고 느꼈다.

서울시는 종묘공원 주변에 어르신들의 일자리와 편의 시설 등을 개선하겠다고 밝혔다. 서비스를 받는 노인들의 아이디어 제안을 직접 들어 일대를 디자인하겠다는 것이다. 이들에게는 복지센터, 무료 급식센터, 실버영화관, 노인용품 가게 등이 필요하다. 하루에 3천 명이 모인다고 하니 지금 종로 부근의 시설로는 턱없이 부족하다는 소리가 나온다.

젊은이에게 일자리를 내어주고 할 일 없는 노인들은 가족들의 눈치에 밀려 아침 식사가 끝나면 특별한 볼일이라도 있는 것처럼 집을 나선다. 날씨가 추우면 중무장을 하고 더우면 부채 하나를 집어 들면 준비 끝이다.

종로에 모인 노인들은 내 자식이 의사이고, 검사, 대기업의 높은 자리에 있다고 자랑하면서 허한 가슴에 위로의 꽃을 피운다. 그곳에는 안노인들이 거의 보이지 않는다. 노후에도 여자들은 할 일이 있어 다행인 걸까. 여자들의 힘이 날로 드높아 가는 현실을 대변이라도 하는 것인가. 여자로 태어났음을 감사해야 하는 시대인가.

지난 대통령 선거 때는 나른한 세월을 보내던 노인들이 세상을 바꿔놓았다. 투표율이 높으면 젊은 층이 투표를 많이 해서 야당이 유리할 것이라고 예상하니 50대 이상 노년층이 들고일어났다.

이들이 수가 많다 보니 여성 후보를 당선시키는데 절대적인 역할을 하게 되었다. 그래서 이들은 아직도 힘을 보태어 큰일을 성사시킬 수 있다는데 뿌듯함과 자부심으로 고무되어 있다.

하지만 이럴 때만 필요한 게 노인이 아니다. 여성 대통령 당선인께서 공약한 섬김의 마음이 현실이 되고, 진정 국민 행복 시대가 열릴 때 비로소 어른들의 앞날이 밝아질 것이다. 나이 듦은 늙음이 아니라 자유라고 했다. 그러나 이제는 '백세 시대'를 앞두고 노후 준비를 해야 한다. 너무 긴 자유에 두려움이 앞선다.

요즘 텔레비전 드라마에서 흔히 볼 수 있는 기죽은 아버지들의 모습이 생각난다. 직장에서 명예퇴직하고 가족과 자식들의 눈치를 보며 힘들게 사는 베이비붐 세대들이 이곳을 찾아올 때가 되면 종로 일대는 노인들의 쉼터가 아니라 포화상태가 되고 말 것이다.

'서울의 찬가'라는 노랫말처럼 종로에 사과나무, 감나무가 빨갛고 탐스럽게 열린 길을 걸으며 노인이 살맛나는 종묘공원 일대가 되기를 기대해 본다.

오른손이 왼손에게 묻다

한날한시에 태어난 그들은 둘 중 하나가 없으면 안 되는 동반자로 살아온 지 어언 칠십여 년. 언제나 같이 행동하면서 서로 맡은 일을 충실히 하고 지냈다.

초등학교에 입학했을 때 재빠른 왼손이 먼저 연필을 잡으려고 하다가 부모님의 호된 야단을 듣고서야 오른손에게 양보했다. 밥을 먹을 때도 역시 그런 과정을 거치고 눈물까지 흘리면서 바른 손에게 양보했다. 그때만 해도 왼손잡이는 부모의 가르침 문제라고 생각했던 때였으니까. 더구나 아버지께서는 본인이 왼손잡이라서 나를 닮았구나 하는 걱정이 앞섰던 것 같다.

어렸을 적에는 봉숭아 꽃물을 들이기도 했다. 너무 꽁꽁 싸매어 손톱이 욱신거렸고 불편해도 아침에 빨갛게 꽃물이 든 손톱을 보려고 두 손을 비비며 참자고 격려했던 적도 있었다.

지금은 왼손잡이도 크게 흉 될 것이 없다. 오히려 왼손잡이가 두뇌활동이 빠르고 손재주가 있다고 한다. 유럽 여행길에 왼손잡이 전문매장을 보고 호기심에 들어가 보았다. 가위도 왼손으로 쉽게 쓸 수 있도록 만들었고 더 많은 왼손잡이 도구들이 있어 놀랐다.

피카소, 레오나르도 다빈치, 윈스턴 처칠 그 외에도 유명인사들의 왼손잡이 홍보사진을 벽면에 전시해두었다. 한국에는 야구선수 이승엽, 이종범 이런 분들이 왼손잡이로 알려져 있다. 어릴 때 남다른 손으로 부모님의 야단을 맞은 것이 크게 잘못된 것이 아니라는 것도 알게 되었다.

왼손잡이인 나는 힘들거나 어려운 일은 왼손이 주로 담당했다. 무거운 짐을 들고 갈 때도 우선 오른손에게 먼저 짐을 맡겼다. 그런데 얼마 못 가서 왼손으로 들게 된다. 그것을 알고 할 일을 잘 못 하는 오른손을 어이없이 쳐다보게 된다.

빨래할 때도 왼손이 힘을 더 쓰고 요리할 때도 서로 도와가며 한다. 어느 손이건 조금만 다쳐도 서로 약을 발라주고 상처를 싸매주고 위로해 준다. 손톱을 자르다가 자칫 잘못해서 조금이라도 다치면 일할 때 많이 불편하다. 그래서 빨리 나을 수 있도록 두 손이 서로 아껴준다.

어느 날 바쁜 시간에 쫓기다가 냉동 생선을 잘못 건드려서 오른손이 크게 상처를 입었다. 보통 사람들은 이런 경우 왼손을 다치지만 나는 왼손으로 칼을 잡다 보니 오른손을 다칠 경우가 많다. 이런 일로 한동안 왼손이 고생을 많이 했다.

몇 달 전에는 운동하러 나갔다가 넘어져 왼손 팔목에 금이 가는 골절상을 입게 되었다. 너무나 불편했다. 칼질도 못 하고 가위는 물론, 그간 왼손이 담당했던 일들이 하나하나 반기를 들고 나섰다. 그럼 이것도 그동안 왼손이 했단 말인가. 이런 일을 당하고 보니 오랫동안 왼손이 얼마나 많은 일을 했는지 새삼 알게 되었다. 이번에도 왼손이 오른손에게 걱정하지 말라고 하여 생각보다 큰 불편 없이 견뎌냈다.

왜 같이 넘어졌는데 왼손을 다쳤을까. 아마도 더 날렵한 왼손이 오른손을 보호해야 한다는 본능적인 순발력이 아니었을까. 생각하니 고마운 것은 역시 왼손이었다. 이런 일을 당해도 다른 사람들보다 어려움이 덜하다고 생각하니 왼손잡이인 것에 오히려 감사할 따름이다.

남편도 오른손이 불편한 일을 당했다. 갑자기 왼손이 해야 할 일이 닥쳤는데 난감했다. 양쪽 손을 다 쓰던 나는 답답하기 그지없었다. 아무리 평소에 오른손이 일을 다 했다고 해도 이 정도인 줄은 몰랐다.

이런 일이 생길 줄 상상도 못 하다가 갑자기 사고를 당하고 보니 양손이 하는 일이 확연히 다르다는데 새삼 놀랐다. 오른손이 못하는 일을 왼손이 할 수 있는 것은 아무것도 없다. 정말 그동안 밥값도 못하고 같은 동급자리에서 대접받아온 왼손이 정말 한심하게 느껴졌다. 일상에서 꼭 해야 하는 숟가락질이 불편한데 왼손은 속수무책이었다. 매일같이 밥 먹는 일 못지않게 펜을 잡고 글씨를 쓰기도 불편했다.
 누구라도 왼손잡이가 아닌 이상 다 어색하기 마련이지만 그래도 어눌하게라도 도와야 하는 것 아닌가. 정말 그동안 보고 배웠는데 이 정도도 못 하다니 오른손으로서는 화가 날만 했다. 어쩌면 그동안 같은 짝으로 살아왔고 같은 대접을 받은 것이 미안하지도 않으냐고 야단치고 싶었다. 나보다 한 수 아래라고 얕잡아 보겠다고 으름장을 놓았다.
 그런데 왼손잡이도 할 말이 있다고 했다. "내가 했던 일들을 들어봐. 어린 시절 꽃반지 끼고 지고지순한 약속할 때도 왼손으로 했고 아름다운 시절 가슴 설레는 부부 반지도 왼손에 끼었어. 인생의 가장 소중한 결혼반지도 왼손 중지에 끼었잖아. 이 얼마나 소중한 일을 하면서 살아왔는지 알아. 더 열거해볼까?" 하고 큰소리치는 것 같았다.
 이렇게 같은 날에 태어난 손도 너무나 성격이 다르다. 하물며 남남끼리 만나서 성격도 모르고 어떻게 성장했는지도 모르면서, 일생을 함께하다 보면 풀어야 할 과제가 너무나 많은 것 같다. 서로를 이해하고 더 깊이 아는 데는 반 백 년이 넘은 뒤에야 연민의 정이 생긴다는 것이 나만의 생각일까. '사랑했던 날보다 미워했던 날이 더 많았다'는 유행가 가사처럼 말이다.
 오랫동안 같이 지내온 시간이 아까워 별 잘못이 없으면서도 한발 양보하고 지내온 세월이 가슴 시리도록 아플 때도 있었으리라. 그래서 오른손이 왼손을 나무라듯 해 봐야 서로 할 말이 있게 마련이다. 한발 물러설 수 있을 때까지 얼마나 많은 인내와 본인의 희생이 있었던가 되돌아보게 된다.

 남편의 오른손이 제 할 일을 다 할 수 있을 때까지 수고하는 왼손을 다독이며 피로가 쌓이지 않게 보살펴 주어야겠다. 그동안 왼손이 익숙해지면 오른손이 하던 일을 다 빼앗길까 괜한 걱정을 했다.

 날마다 조금씩 자유로워지던 오른손이 하던 일을 다시 하게 되는 날. 그동안 기죽어 지내던 왼손이 한마디 하는데 '이제야 허리 펴고 살겠네.' 하고 말할 것만 같다.

3.
공항에서 온 편지

공항에서 온 편지

　영국에 사는 아들 가족이 7년 만에 25일 일정으로 한국에 온단다. 귀국 날짜에 빨간 동그라미를 그려놓고 기다리기를 석 달째, 늘 사진으로만 보다가 안아 볼 수 있다는 즐거움의 파장이 가슴을 뛰게 한다. 기다림 없이 지나가는 날은 너무 빨라, 나이대로 세월이 달린다는 말을 실감한다. 그랬는데 이번 석 달은 더디기만 하다.
　다섯 식구가 직장과 학교를 같은 기간에 맞추어 휴가를 얻기가 쉽지 않았을 텐데, 우리 집에도 특별한 봄꽃이 활짝 폈다. 조용하던 집에 활기가 넘치고 요리하는 재미에 손이 불편한 것도 잊었다. 먹지 않아도 배가 부르다는 옛 어머니들의 말씀이 실감 났다. 오랜만에 나왔으니 할 일도 많고 친구들과의 약속도 있어 시차도 아랑곳하지 않고 부지런히 움직인다.
　식구가 늘어 갑자기 복잡해졌지만 그래도 아이들 소리가 나고 북적대니 집안이 그득하고 사람 사는 집인가 해서 마음마저 설렌다.

　오랜만에 본 아이들은 매일 보던 것처럼 한국 생활이 너무나 익숙하다. 영국에서 태어나고 한국에 두 번째 오지만 한국말에 별 어려움이 없을 만큼 잘한다. 일주일에 한 번은 한국학교에 다니고 집에서는 꼭 한국 사람임을 잊지 않고 살기에 가능하단다. 설날에는 한복을 차려입고 동영상으로 큰절을 올리는가 하면 한국의 사극 드라마를 볼 때는 손녀들이 한복을 입고 앉아서 보는 사진을 보내오기도 했다. 아들과 며느리에게 자식들을 잘 키웠다고 칭찬을 아끼지 않았다.

　환절기에 여행하면 옷 때문에 가방이 무겁기 마련이다. 다섯 식구가 움직이다 보니 가방이 차지하는 면적이 족히 방 하나를 차지했다. 한참 북적이던 아들네 식구가 외출하고 났더니 책상 위에 여권 다섯 장이 놓여 있었다. 비행기를 탈 때 없으면 안 되겠기에 서랍장에라도 넣어둘까 생각하다가 여권 때문에 큰 실수를 했던 생각이 떠올랐다.

　십여 년 전 딸이 아이 둘을 데리고 나와 함께 유럽 여행길에 나섰다. 동생이 사는 런던으로 가서 그곳에서 관광하고 다음은 동생네 가족과 같이 프랑스로 가게 되었다. 그곳에 사는 아들의 절친한 친구가 다른 나라로 출장을 가면서 집을 통째로 빌려주겠다고 했단다.

　집주인이 한국 사람이어서 쌀이며 반찬까지도 준비해 두었기에 편안한 마음으로 쉴 수 있었다. 편히 쉬었다 가면서 감사하는 마음으로 짐 정리하는 데만 온통 마음을 쏟았다.

그때는 아이가 넷, 모두 여덟 명이었다. 넷이 뛰어놀다 보니 눈에 보이는 여권이 걱정되어 그 집 서랍에다 넣어두면서 "여권 여기 넣어 둔다." 하고 말했지만 아무도 듣지 않았던 것 같다.

다음 날 프랑스 여행길에 올랐다. 관광이 끝나고 딸은 아이 둘과 함께 다른 나라로 떠나고 남은 사람들은 벨기에로 가기 위해 아들의 차를 타고 장시간 달렸다. 가는 동안 아이들의 재롱을 보며 즐겁게 도착해 입국장으로 들어갈 시간이 됐다. "어 여권이 어디 있지?" 며느리가 깜짝 놀라면서 가방을 막 뒤졌다. 중요한 것을 잘 두지 않고 저러는가 하는 마음으로 보고만 서 있었다. 조금 더 기다려 보다가 '어째서 그런 실수를 하느냐?'라고 말하려는데, 그때 머리가 띵 해지면서 어제저녁 내가 치워둔 여권이 생각났다.

"이걸 어째!" 갑자기 너무나 놀란 엄마를 본 아들과 며느리가 아무 말도 하지 못하고 가만히 있었다. 그리 긴 시간이 지나지 않았고 아들이 "어머니! 벨기에가 우리를 거부하면 우리도 좋다 이거야. 여기서 밥이나 먹고 돌아갑시다."

긴 시간을 달려왔고 목적지를 앞에 두고 돌아선다는 것이 아쉬웠지만 다음 기회로 미루기로 하고 돌아설 수밖에 없었다.

"덕분에 아들 차를 오래 타봤으니 좋았지요." 하면서 타고난 유머로 분위기를 살려 어이없는 웃음을 한바탕 웃었다. 그렇지만 며느리가 보는 앞에서 잊지 못할 실수를 하고 말았다. 며느리가 괜찮다고 위로하니 더욱 민망했다. 늦었지만, "수희야! 너도 내 나이 되어봐라." 이런 뻔뻔한 말을 할 수 있는 것도 시어미의 특권인 양 미안한 마음에 변명했다. 지금도 여권만 보면 당황했던 순간이 떠오른다. 이런 일이 있었기에 공항에 나갈 때는 여권을 다시 한 번 보게 된다. 가족이기에 잊지 못할 추억이라 생각한다.

그럭저럭 지내다가 돌아갈 날이 일주일밖에 남지 않았다. 그때부터 마음이 초조해지고 부산하기까지 하다. 오랜만에 온다고 했을 때 아들이 좋아하는 음식, 며느리는 이걸 좋아하던데, 아이들이 잘 먹을 것 같은 음식은 뭐가 좋을까. 생각을 많이 했지만 정작 만족시켜주지도 못했다.

아이들이 썰물처럼 빠지고 나면 가슴 한구석이 허전해질 것이 걱정스럽다. 나이가 들수록 마음은 여려지는지, 남게 될 두 사람의 마음이 왠지 평소에 없던 동질감마저 느끼게 된다.

"할머니 공항에 나가는 게 걱정이 돼요."

유난히도 정이 많고 감성이 풍부한 둘째 손녀딸은 제가 먼저 걱정을 하면서 울먹인다.

"많이 보고 싶을 거예요."

아이들은 저마다 할머니가 빨리 우리 집에 오라며, 귀엽고 사랑스러운 모습을 가슴에 남기고 공항을 떠났다. 죽도록 사랑했던 사람을 떠나보낸 마음이 이럴까. 그런 경험이 없는 사람이라 이 순간이 더욱 허전하고 쓸쓸하다.
　아들네 가족을 떠나보낸 썰렁한 거실에서 노부부의 대화, "갑자기 적막강산이구나." "그러게요."
　며칠 뒤 편지함에 꽂혀 있는 낯익은 글씨체가 보였다. 항공사에서 보내온 며느리의 편지였다. 빨리 뜯어보고 싶은 마음에 밖에 있는 벤치로 갔다.
　항공사에서 '사랑하는 사람에게 편지를 부쳐드립니다'라는 행사가 있었단다. 이런 기회를 놓치지 않은 며느리는 시어미의 마음에 감동을 전한 것이다. 떠나고 나서 며칠 되지 않아 가장 허전할 즈음 받은 편지는 가히 나만의 눈물바다였다.
　결혼하자마자 미운 정이 들기도 전에 유학을 떠난 며느리에게 시어미와 며느리는 부담 없이 속마음을 털어놓았다. 서로 곁에 있으면 편하다는 말로….
　요즘 시부모와 며느리 사이를 일컫는 '시월드'라는 말이 텔레비전에서도 많이 오간다. 그러나 우리는 그런 유행어와 아무런 상관없이 화목한 가족이라고 감히 말하고 싶다.

파도타기 인생

 시끄러운 소리가 들린다. 사람들의 발길이 그쪽으로 분주히 움직인다. 아삭아삭한 꿀 사과가 한 보따리에 만 원이라고 쉴 새 없이 외친다. 햇김이 달고 그냥 먹어도 맛이 있다고 여자가 가쁜 숨을 몰아쉰다. 불끈 솟은 목에 핏대를 올리는 이 남자는 달고 맛있는 귤 한 바구니를 사면 한 바구니를 더 준다고 사정없이 소리를 질러댄다. 사람들은 파도에 밀리듯 이리저리 발길 닿는 대로 움직인다.
 이곳은 서울 청량리에 자리하고 있는 청과물 시장이다. 전국에서 모여드는 각종 과일 도·소매로 사시사철 활기가 넘친다. 과일도 철 따라 시장 바닥을 바꿔놓는다. 봄이면 딸기가 빨갛게 시장 바닥을 물들이고 연이어 개나리처럼 노란 참외가 사람들의 마음마저 물들일 때면 여름으로 접어든다. 그 즈음이면 덩치 큰 수박이 산더미처럼 쌓인다. 수박을 차에서 내릴 때는 상인들만의 기술로 던지고 받으며 한 치의 실수도 없다. 지나가던 사람들의 구경거리가 되기도 한다.
 숙련된 이들에게도 실수는 따르는 법. 손에서 미끄러진 수박은 빨간 속살을 드러내며 땅바닥에 나뒹군다. 구경하던 사람들이 아까운 듯 바라보다 입맛을 다신다.
 가을로 접어들면 주황색 대봉감은 어찌나 잘 생겼는지 번쩍번쩍 빛나는 모양으로 사람들을 불러 모아 상인의 체면을 세워준다. 농부의 마음을 가장 잘 아는 누런 황소의 털색을 닮은 배는 보기만 해도 목마름을 적셔줄 것 같다. 다산의 상징인 석류는 속이 꽉 찬 알맹이를 자랑이라도 하듯 동그란 배를 내밀고 있다.
 과일이 풍년이다 보니 배 하나의 무게도 만만치 않다. 짐스러운 무게를 주렁주렁 달고 수확할 날을 기다린 나무는 얼마나 힘이 들었을까. 그것은 가족들을 부양해야 하는 한 가장의 어깨에 짊어진 무게와도 같은 것이 아닐까. 무거워도 소중하게 견뎌낸 배나무와 허리가 휠 듯 힘겹게 키워낸 자식을 출가시킨 부모의 마음이 느껴졌다.
 국내에서 생산되는 과일뿐만 아니라 수입해온 과일도 철 따라 상인들이 목소리를 높여야 할 품목들이다. 사람들은 상인들의 목소리가 큰 곳으로 따라가며 물결친다. 몇 분 동안만 싸게 팔겠다는 곳은 순식간에 파도가 높아진다. 얼마쯤 시간이 흐르면 또 다른 곳으로 사람들이 밀려간다.

청과물 시장 한편, 살아있는 꽃게와 바다에서 금방 잡아온 싱싱한 생선이라고 소리치는 곳으로 가보면 정말 바다 냄새가 난다. 먼 바다에서 잡혀 여기가 어딘지도 모른 채 흘러온 동태는 소비자를 기다리느라 눈이 벌겋다. 바지락이며 작은 생선들까지도 친구가 되어 물결치는 바다를 연상케 한다.

이곳은 상인들의 생활 터전이기도 하지만 소비자들은 지갑을 열기에 망설임이 없다. 상인들은 박한 이윤에도 박리다매할 수 있으니 좋고, 소비자들은 필요한 물건을 싸게 살 수 있으니 좋다. 그러니 사람들이 파도처럼 몰려들 수밖에 없다.

교통 또한 어느 재래시장보다 좋다는 평이다. 버스와 지하철이 연결돼 이곳을 찾는다는 사람들이다. 그러나 이렇게 북적대는 시장 가장자리 작은 손수레에 사과와 토마토를 조촐한 바구니에 담아놓고 손님을 기다린다. 그 앞에서 꾸벅꾸벅 졸고 있는 할머니도 있다. 찾는 이가 뜸한 곳이라 북적대는 시장 안에서도 나른하게 느껴지는 풍경이다. 장보기를 마친 소비자들은 끌고 가는 바구니가 힘들어도 물건을 싸게 샀들였다는 생각에 마음과 발걸음은 가볍다.

사람들이 물결치는 곳은 또 있다. 출근길을 서두르는 인파가 몰리는 신도림역이다. 이곳은 지하철 1, 2호선을 갈아타는 곳이라 혼잡도가 높다. 1호선이 광역전철이라 사람을 가득 태우고 서울에 입성한다.

거대한 파도는 이곳에서도 일렁인다. 출퇴근 시간에 잘못 발을 들였다가는 거센 파도에 밀려 행선지를 찾지 못하고 다른 곳으로 떠밀려가기 일쑤다. 분주히 걸음을 옮기는 사람을 겨우 잡고 물줄기의 흐름을 물었더니 바쁘고 귀찮은 터라 턱으로 방향을 가리킨다. 그렇게는 알 수가 없어서 한결 여유가 있어 보이는 사람을 지목해 물어보니 반대쪽이란다. 이리저리 파도에 쓸렸다가 겨우 한적한 곳으로 밀려 나온 뒤 정신을 차린다.

젊은이들 귀에는 이어폰 줄이 달려 있다. 마치 낚싯줄을 연상하게 한다. 그들은 오늘도 먹잇감을 찾아 빌딩 숲으로 흡수된다.

청량리 시장에는 먹을거리의 파도였지만 이곳은 가족들의 생계를 짊어진 직업 전선의 파도가 몰아친다. 물건을 팔고 사는 소리가 들리지 않는 대신 발소리는 더욱 분주하다.

오늘도 맡은 책임을 다하기 위해 이들은 빠른 발걸음으로 직장을 향해 몰려간다. 이렇게 하루에도 수많은 사람의 발이 되어 주는 전동차는 지칠 줄도 모른 채 달리고 또 달린다.

산다는 건 파도타기다. 파도를 잘 타면 원하는 곳에 내리지만 자칫 잘못 타면 뜻하지 않은 곳으로 밀려가 갈 곳을 잃을 수 있다.

백년손님과 담배

 첫 손자를 가졌을 때부터 슬쩍슬쩍 금연을 부탁하면 '아~ 예' 하면서 넘어갔고, 둘째를 보고도 처음에는 조심하는가 싶더니 점점 제자리로 돌아갔다. 가족들과 철석같이 금연 약속을 하고서야 셋째가 태어났다.
 처음에는 '밖에서만 피우겠고 담배 양을 줄이겠다'라고 하면서 조금은 공기의 차이가 느껴지나 싶더니 여러 날이 지나자 다시 매캐한 연기가 자리를 잡았다.
 그리고 십 년이 지난 오늘까지도 줄기차게 그 백해무익하다는 담배가 자리하는 곳이 바로 사위의 주머니 속이다. 흔히들 누구를 평할 때 '다른 것은 나무랄 것이 없는데 한 가지만 고쳤으면' 한다고 토를 단다. 사위도 금연만 하면 후한 점수를 줘도 아깝지 않은 사람인데 도무지 금연만큼은 요지부동이다.
 딸에게 '배우자가 독한 말을 못 하면 누가 하느냐'고 반란을 유도해 보지만 가까이서 피해를 보는 사람이 어찌 그런 말을 하지 않았겠는가? 최후의 수단으로 친정집에 간다고 보따리를 싸라고도 하면서 친정엄마로서 하면 안 될 소리도 해봤다.

간접흡연이 더 나쁘다는 것을 아는 사람이 어찌 이럴 수가 있나. 아빠가 한 갑을 피우면 아이들은 한 개비에서 많게는 세 개비 피우는 것과 같다고 하지 않던가.

큰아이가 5살 때부터 아빠 방문에다 금연이라고 쓰고 담뱃불 그림에 ×표를 해두었다. 둘째 아이는 새해 소망도 아빠의 금연, 크리스마스 때 산타할아버지의 선물도 금연, 생일날 선물도 당연히 금연, 학교에서 일등을 했을 때도 오직 바라는 것은 아빠의 금연이다. 셋째가 6살인데 그 소원도 아빠가 담배 안 피우는 것이라고 한다. 내 힘으로 안 되니 사돈댁과 여러 번 이야기도 오갔지만 자식도 출가하고, 나이가 들면 말하기도 어렵고 마음대로 안 된다고 미안한 마음으로 말씀하신다. 그러나 이제는 안 된다. 다섯 식구가 일 년 동안 미국 생활을 하게 되었다. 여기서는 그나마 집이 넓으니까 숨 쉴 틈이라도 있었지만 거기는 아무래도 집이 좁아서 어떻게 하나 실로 걱정이 태산이다.

셋 중에도 4학년짜리 손녀딸이 담배 연기와 재가 남아있는 것에 가장 예민하다. 한 번은 목욕하면서 목이 따갑다고 했다. 감기냐고 물으니 아니 담배 냄새 때문이라고 했다. 화가 치솟았다. 아이 앞에서 거친 말은 못 하고 "아빠가 너를 가장 사랑하니 담배 피우지 말라고 울면서 말을 좀 해 봐. 여차하면 미국에 가지 않겠다고 해보렴." 그러자 "할머니, 다른 것은 참 좋은데 담배 말만 하면 아빠가 무서워져. 말을 많이 해도 안 돼."라고 하면서 아이의 얼굴이 서운해 보이면서 울먹이기까지 했다.

친할머니 할아버지께서 돌봐주시는 덕에 외할머니인 나는 가끔 한 번씩 아이들이 보고 싶어 가는 입장이지만 그날 밤 집에 와서 잠이 오질 않는다. 내가 할 수 있는 방법이 뭘까, 어떻게 말을 해야 사위와 장모 사이가 나빠지지 않고 덕을 볼까. 독대할까, 아니면 딸과 셋이 앉아 분위기 있게 와인을 한잔하면서 조심스럽게 부탁해 볼까. 그래도 안 되면 사위는 술이 약하니 술기운을 빌려서라도 약속을 받아 낼까. 그러나 그것은 본인의 의지 없이는 아무 소용이 없다는 것을 알고 있는 터라 더욱 마음이 무겁다. 자식도 성인이 되면 껄끄러운 말은 하기 싫은데 더구나 자기 속으로 낳지 않은 사위이니 얼마나 조심스러운가.

사위는 백년손님이라는 진부한 이야기가 아니라도 조심스러운 존재임에 틀림없다. 이제 한 달여 만 있으면 미국으로 떠난다. 가기 전에 꼭 약속을 받아 내야겠다고 잠자리에 누워서 머릿속에 메모를 몇 장 쓰고 뒤척이다 잠이 든다.

사위가 우리와 가족이 된 것은 10년이 넘었다. 결혼하기 전에 담배를 피운다는 것은 알았지만 이토록 줄기차게 피워댈 줄은 몰랐다.

남편도 처음에는 담배를 피웠지만 어느 순간 몸에 이로울 것이 없다는 것을 알고 단번에 끊은 것을 봐왔기에 흡연이 큰 문제 될 것이라고는 생각지도 못했다. 그런데 아이가 셋씩이나 된 지금까지도 요지부동이다.

  심한 말을 해서라도 담배를 끊게 하는 것이 가족을 위해서 옳은 일일 것 같다. 만약에 아이가 담배로 건강이 나빠지면 그때는 어떻게 하겠는가. 담배를 끊으면서 후회할 것이냐며 삿대질이라도 하면서 결단내야겠다고 벼른다. 이렇게 마음을 단단히 먹고 날이 밝기를 기다렸다. 그러나 바른말을 하러 가는데 왜 이렇게 발걸음이 무겁고 떨리는지. 아들이라면 이런 마음일까. 그래도 미국이란 나라는 애연가들이 설 자리가 여기보다도 더 엄격하다고 하니 한 가닥 기대를 걸어본다.

손주들이 자라는 모습

"승객 여러분 우리 비행기는 곧 이륙할 예정입니다."

창가를 내다보며 안정감을 만끽할 수 있는 기차에 비하면 비행기는 탈 때마다 긴장감을 불러일으킨다. 타고 내릴 수 있어 선택의 여지가 있는 완행열차를 인생에 비유한다면 한번 이륙해서는 뛰어내리지도 못하고 끝까지 떠 있어야 하는 비행기는 어쩌면 나의 결혼생활에 비유하게 된다.

공항에서 짐을 부치며 수화물 라인에 실려 사라져가는 가방을 보면서 '혹시 내 짐만 다른 곳으로 실려가 버리지나 않을까' 하는 걱정을 했다. 이륙하는 순간 약간의 공포가 지나고 나면 승무원들의 발걸음이 바빠진다.

통로를 따라 음식을 실은 수레 소리가 나면 별로 배고프지 않으면서도 무엇을 먹을까 기대가 된다. 치킨 아니면 생선. 그저 승무원들과 잘 통할 수 있는 것으로 받아들이고 만족한 듯 미소를 보낸다. 외국 비행기를 타고 다니기 때문에 말을 줄이고도 뜻이 통할 수 있는 것으로 선택하게 된다. 외국 비행기는 국적기보다 가격이 저렴한 덕에 바쁠 것 없는 나는 외국 비행기를 타게 된다. 후식으로 나오는 주스와 커피도 역시 쉬운 거로 오케이 사인을 보낸다.

이제 잠을 자든 텔레비전을 보든 10시간 넘게 기내에 갇혀 있어야 한다. 이리저리 채널을 돌리다가 출발 시각과 도착 시각이 나오는 채널을 맞춰놓고 잠이라도 한숨 자다 보면 시간이 지나겠지. 그러나 잠이 오질 않는다. 상상의 나래 속으로 빠져 들어 가 어릴 적부터 이 자리에 앉아있는 이 순간까지 스크린 속의 주인공이 된다. 아득히 사라져가는 추억도 잡아보고 가장 행복했던 순간도 끌어안고 미소를 지어 본다.

어둑한 시간 속에 지금 나는 북태평양 바다 위에 떠 있다. 한번 일어나 보기도 쉽지 않다. 양옆으로 만만치 않은 큰 체구의 두 남자가 자리하고 있다. 이들에게 일어나겠다는 뜻을 보이면 내 생각과는 달리 친절한 표정과 매너 있는 태도로 길을 열어준다.

지루함을 이기기 위해서는 잠을 청하는 것이 가장 좋은 방법이라 생각하고 얼마간 시간이 지났을까. 쿵 하는 소리와 함께 진동이 느껴지면서 비행기가 착륙했음을 알린다. "저희 승무원들은 여러분들을 다시 모시게 되기를 기대합니다."

기다리고 있을 아이들을 생각하니 마음이 급했다. 짐을 찾아 부지런히 나갔지만 공항을 빠져나가는 데 워낙 까다로운 절차를 거쳐야 하기에 시간이 지체되었다. '아이들이 매우 지루하겠구나.' 하고 걱정하며 나갔는데 화이트보드에 이름을 크게 쓰고 뭐라고 문구를 빼곡히 써서 들고 뛰어온다.

우리의 만남은 얼싸안으면 그것으로 그리움을 다 쏟아 내는 줄 알고 있는데 현지인들은 진한 포옹과 키스를 나눈다. 그런 모습들을 보면서 문화의 차이를 느낀다. 공항의 이별도 가끔 해보았지만, 헤어짐이란 떠나는 사람보다 남은 사람이 더욱 섭섭한 법이다. 사람이 들어오는 자리보다는 나가는 자리가 더 크다는 것은 느껴본 사람만이 알 수 있다.

내가 지금 온 곳은 태평양 건너 먼 나라다. 나를 외할미라고 부르는 아이들이 일 년간 미국 생활을 하게 되어서 떠난 지 6개월 만에 보러왔다. 딸이 아이 셋을 데리고 혼자 간다기에 걱정을 많이 했는데 엄마라는 책임감 때문인지 큰애 둘은 학교에 보내고 셋째는 유치원을 보내면서 사는 것이 속으로 대견했다.

조그만 텃밭에는 호박과 가지가 열려 있고 부추도 자라고 있는 것이 신기해서 물어보니 먼저 살다간 한국 사람이 남겨주고 갔다고 했다. 자주 보던 채소들이지만 타국에서 보니 더 반가웠다. 호박을 따서 호박전도 부치고 가지나물을 무쳐주니 한국에서는 먹지 않던 아이들이 처음 본 듯이 먹었다. 왜 이렇게 잘 먹느냐고 했더니 할머니가 좋아서 먹는다고 했다. 딸이 운전하는 차를 타고 쇼핑도 다니고 주말이면 가까운 곳으로 나들이도 다니다 보니 한 달이란 날짜가 금방 지나갔다.

이제 돌아가야 할 날이 온 것이다. 전날부터 중학생이 된 큰아이는 섭섭함을 이기지 못해 안경을 벗어놓고 이불 속으로 들어가 버렸다. 원래 말수가 적은 성격인데 저런 표현에 마음이 짠하다. 셋째는 왜 가느냐고 한다. 할미가 가는 것이 변할 수 없다는 것을 인정한 아이들은 카드를 만들고 편지를 써서 한국에 가면 보라고 몰래 가방 안에다 넣었다고 한다.

가까운 곳에 살 때는 서로 그렇게 소중한 줄을 몰랐다. 할머니는 언제라도 저들이 보고 싶으면 옆에 있는 줄 알다가 가지 말라는 데도 간다니 섭섭한가 보다. 더구나 문밖에 나오면 낯선 사람들뿐이고 학교에 가도 모르는 사람들뿐이니 할머니가 더욱 아쉬웠던가 보다.

이제는 공항에서 이별만 남았는데 큰손자는 게이트 번호를 몇 번씩 일러 주면서 걱정을 한다. 아무래도 내가 영어도 잘하지 못하고 해서 저들이 볼 때는 걱정이 되는가 하여 고맙고 기특한 생각이 든다. 둘째아이는 품에 안겨서 마구 울다가 바닥에 드러누워 울고 있는 것을 사진으로 남겼다. 육 개월 후에 인천공항에서 만날 것을 손가락을 걸어 약속했다.

가을이 가고 겨울이 지나면 우리는 또 만날 것이다. 애들아, 부디 건강하고 씩씩하게 학교생활 잘하기를 바란다. 그때면 엄마가 맡은 일도 끝나고 너희들의 영어도 익숙해졌을 것이고 키도 훌쩍 자라고 마음도 좀 더 넉넉해졌겠지. 할머니는 그날을 기다리련다.

인정 많은 형부

몇 년 전 갑자기 형부의 사고 소식을 들었다. 언니가 병문안 하러 가야 하니 내려오라고 했다. 산에 갔다가 사고를 당했는데 시골이다 보니 가까운 곳에 병원이 없어 보건소를 찾은 것이 화근이었다. 급기야 병원응급실로 실려 갈 처지가 됐다.

병원에 들어서는 순간 병석에 누워있는 형부의 몸은 부기로 알아보기조차 어려웠다. 병의 위중함을 한눈에 알 수 있었다. 손을 잡아도 인사불성이었다. 이런 일을 두고 '간밤의 안녕'이라고 했던가. 언니의 건강을 걱정했었지만 형부는 소나무처럼 늘 미덥기만 했었기 때문이다.

순간 그 어린 나이로 장가오던 모습이 떠올랐다. 4형제의 맏이로 태어나서 중학교를 갓 졸업한 까까머리 아이가 장가오던 날이었다. 머리를 깎고 갓을 썼으며 두루마기까지 입었지만 갓 밑으로 흐르는 얼굴이 더 앳돼 보였다. 처제들은 숨어서 킥킥 웃었다. 시집갈 색시는 부끄럽고 민망한지, 초례청에 나오는 것을 마다하고 앉아있었다.

처제들은 이미 두 분의 형부를 가족으로 맞이한 터라 외모가 어린 형부에게 놀라기도 했다. 둘째 언니 신랑은 현역 군인 장교였다. 출중한 외모라 처가에 오는 날이면 온 동네가 훤하게 들뜬다고 했다. 처제들과는 나이 차이도 크게 났지만 꼭 "처제요."라고 존댓말을 하던 터였다. 그런데 이제 막 장가온 어린 형부는 냅다 반말이었다. 그간 둘째 형부의 존댓말에 길든 우리는 어이없고 민망했다. 하지만 며칠이 지나지 않아 선배 형부가 처제들에게 대하는 소리를 듣고 바로 "처제요."라고 부르는 호칭이 지금까지도 변함이 없다.

장남이 나이가 어리다 보니 그 부모가 젊은 것은 당연한 일이다. 새댁이 시댁에 가서 시어머님께 인사를 드리고 보니 인사를 받은 사람의 배가 채독같이 불러 있는 것도 까마득히 몰랐다. 시집간 지 얼마 되지도 않았는데 산바라지 하는 새댁을 보고 미안한 기색을 보인 신랑은 분명 철이 들었던 거다. 그 뒤 고부간에 같은 해에 출산한 일이 더 있었다. 일이 많은 농촌에서 두 산모가 아이를 안고 젖을 물리면 적잖이 신경전이 벌어졌다.

삼촌과 조카 사이가 늘 전쟁이었다. 시어머님은 농사일에 익숙하다 보니 들에 나가는 시간이 많고 체구가 밀리는 며느리는 집안일을 하면서 두 아이를 돌보다 보니 힘겨웠지만 더욱 어려운 것은 마음이다. 시어머니의 눈치 보기도 바쁜 판에 어느 날 은 들에서 일을 마치고 들어오던 시아버님이 며느리 손에 들려 있는 아이를 보고는 왜 이렇게 집안이 시끄러우냐고 불편해했 다. 놀라 아래를 내려다보니 시아버지의 아들이 울고 있었다고 한다.

두 아이가 같이 울어도 내 아이를 먼저 안을 수가 없는 것이 며느리의 고충이었다. 형부의 입장도 어렵기는 마찬가지였단다. 옛날에는 부모님 앞에서는 내 아이를 마음 놓고 안아 보지도 못하던 시절이었다. 게다가 이런 형편이니 나이 어린 아빠는 눈치를 보느라 아이를 한 번도 안아 보지 못했다고 한다. 그런 형편에도 슬하에 8남매를 두셨다.

부모님께 효도하는 길이 첫째는 건강인데 뜻하지 않게 병석 에 눕고 보니 아들 처지에서 당신이 아픈 것보다도 연로하신 어머님 걱정이 앞섰다. 아직 하루라도 일을 하지 않으면 오히 려 힘들어하시는 어머님은 구순의 중반이신데도 둘째 아들의 농장에서 장정 한몫을 해내신다. 아들은 건강을 잃으면 불효의 길이 된다.

형부의 별장에 우리 형제들이 모였다. 통나무집에 벽난로와 장작 보일러가 우리를 반겼다. 그리 많은 나이 차이도 아니지 만 언제나 처제라는 신분으로 "형부요."라고 하면 다 통하는 줄 로 믿고 있다. 한밤중에도 실내 공기가 떨어지는 듯하면 혼자 몰래 장작을 더 넣으려고 나가셨다. 자는 척하고 있었지만 그

따뜻한 온기와 함께 우리는 포근한 형부의 정에 감사함을 느꼈다. 여름에 감자를 캐면 주소를 적어놓고 가라고 하셨다. 알이 크고 맛있는 감자가 내 뒤를 따라왔다. 오갈피나무가 산을 뒤덮고 있는 것도 이제는 건강이 따라주지 않아 그 모든 것을 접게 되었다.

사고가 있었던 후로 이제는 병원을 내 집처럼 드나들며 지낸다. 그때의 까까머리가 이제는 백발이 되어 병원 예약 날짜만 적어놓고 사시는 걸 본다. 비바람에도 흔들리지 않을 것 같았고 무심코 하는 말에도 재미있어서 박장대소를 하며 웃었다. 오랜 세월을 가족의 인연으로 살다 보니 이제는 형부라기보는 아버지나 오빠 같은 믿음으로 살고 있다. 그러니 다쳤다고 하는 소리에 놀라서 모이게 된 것은 당연한 일이다.

한가한 오후에 안부 전화를 했다. 언제 병원 예약이 되어있느냐고 물었더니 이제는 몇 달 후에 가도 된다는 반가운 소식을 주셨다. 가을 햇볕이 따뜻하고 벼가 풍년을 알리는 들판에 아침 일찍 나가면, 메뚜기가 많이 있으니 잡으러 오라고 했다.

'그래요. 메뚜기도 잡고 오가피 즙도 먹으러 갈게요. 형부는 오래오래 그곳에서 처제들을 기다려주세요.'

미역 옹심이

 어느 날부터인가 매일 지나는 길옆에 국화 향기가 가득하다. 이곳은 시내 한가운데 자리하고 있는 조계사다. 해마다 이맘때면 영산제가 열린다. 아름다운 꽃과 향기에 취해 어느새 발길이 그곳으로 향한다. 여러 가지 모양으로 꾸며놓은 꽃을 따라 경내를 돌다 시장기가 돌 때쯤이면 아주 맛깔 나는 식당을 만나게 된다.
 그곳의 차림표는 아주 간단하다. 주요 음식은 미역 옹심이고 계절 메뉴로 한두 가지 외에 깔끔한 김치를 곁들인다. 음식을 만드는 사람들도 사찰에 걸맞은 복장을 하고 주방도 개방돼 있어서 우선 믿음이 간다. 한쪽 옆에서는 밀려드는 손님들을 위해 옹심이 만드는 사람들의 손놀림이 바쁘다. 지금이 점심시간이라 빈자리가 없을 만큼 손님이 많다
 이곳뿐 아니라 점심시간이 되면 무엇을 먹을 것인가 하는 것

이 직장인의 가장 큰 관심사다. 사무실이 밀집해 있는 곳이면 어디나 점심시간에는 하얀 셔츠 차림의 남녀가 무리를 지어 음식점을 기웃거린다. 맛있다고 소문나고 가격 또한 저렴한 곳이면 발 빠른 사람들이 먼저 자리를 차지하기 마련이다. 나중에 간 사람은 줄을 서서 기다린다. 이곳도 예외는 아니다. 차례가 되어 따끈한 미역 옹심이를 한 그릇 앞에 놓고 있으니 오래전 친정에서 어머니가 해주셨던 찹쌀 옹심이가 생각난다.

지금은 교통이 좋아 어디든 하루 생활권이라고 하지만 내가 어린아이들을 데리고 친정에 가던 시절에는 서울에서 포항까지 가기가 쉽지 않았다. 건강에 문제는 없었지만 빈혈증이 있던 나는 아이 둘을 무릎에 앉혀서 친정에 도착하면 안색이 창백해지고 피로감을 숨길 수가 없었다. 그런 기색을 알아차린 어머니는 미역 옹심이를 준비했다. 빈혈에 좋은 음식이라고 서둘러 방앗간에 가서 찹쌀가루를 빻아오고 미역을 불리는 등 손놀림이 바쁘셨다.

가난했던 그 시절, 여름에 먹는 찹쌀떡은 어지럼증도 없애주고 건강하게 여름을 날 수 있는 보양식으로 알았다. 한 가지 더하자면 어머니의 정성이 들어간 미역 옹심이 한 그릇을 먹고 나면 든든하고 힘이 났다. 하지만 옹심이보다 더 큰 것은 영원히 기억될 어머니의 사랑을 배웠다는 것이다.

옹심이를 만들 때는 찹쌀과 멥쌀을 반씩 섞어야 입에 붙지도 않고 더 맛이 있다. 반죽을 밤알만 하게 떼어서 손바닥에 올려

놓고 정성 들여 비빈다. 마치 옛 어머니들이 조상님께 자식들 잘되게 해달라고 빌듯이 비벼야만 동글동글하고 예쁜 모양이 나온다. 깔끔한 모양과 화려한 빛깔은 아니라 해도 정성이야 겉보기에 비할 수 있을까.

자녀가 여럿이다 보면 자주 뵙고 효도하는 자식이 있는가 하면 그렇지 못한 자식도 있게 마련이다. 친정에 자주 가지도 못하고 전화하기도 쉽지 않던 시절이라 나는 어머니에게 있어 늘 걱정거리로 남아있던 딸이었다.

자식이 부모를 닮는 것이 마음대로 안 되는 것이지만 누구나 기왕이면 좋은 유전자만 받고 더 욕심을 내자면 부모보다 더 잘나기를 바란다. 하지만 그것은 바람일 뿐 마음대로 안 되는 것이 자연법칙이다.

그런데 딸이 젊은 시절에 나를 닮아 가끔 빈혈기가 있다는 것을 알고 있었지만 나이를 먹으면서 그런 증세는 없어지더라는 생각에 방심하고 있었다. 그러나 그것은 무의식중에 걱정을 피하고 싶었던 것은 아닐까. 새삼 미안한 마음이 들었다. 예전에 어머니가 해주셨듯이 딸의 빈혈을 다스려 보자는 생각에 집에 들어오기가 바쁘게 재료를 준비했다.

한 가지 걱정은 그때 내 입맛과 요즘 젊은이들의 입맛이 맞을까 하는 것이었다. 그래도 따뜻한 온기가 사라지기 전에 잰걸음으로 집을 나섰다. 혹시 입맛에 맞지 않는다고 해도 나도 엄마의 마음을 보여주고 싶었다. 딸은 어릴 때부터 먹어본 손맛이 묻어나는지 연신 맛있다면서 잘 먹었다. 만들어온 정성에 보답이라도 하는 것일까.

음식문화가 변하면서 즐기러 다니는 사람들도 덩달아 늘어나고 있다. 살림하면서 가족들의 먹을거리를 준비해 놓고 집에서 기다리던 주부들이 이제는 외식문화에 앞장서고 있다.

문화의 장이 넓어지면서 취미생활도 다양해지고 사회에 미치는 힘이 세다 보니 모임이 많아졌다. 맛있고 특별한 음식이 있다고 알려진 업소는 사람들의 발길이 끊이질 않는다. 그러나 나이가 지긋한 주부들은 화려한 음식보다 어릴 때 추억이 있는 음식을 더 찾기도 한다. 지금 내가 어머니를 그리워하듯 훗날 딸이나 며느리도 우연한 기회에 어떤 음식을 보고 엄마를 그리워하며 추억할 수 있는 음식이 있을까.

지금 우리 세대가 지나고 나면 다음 세대 젊은이들이 고향을 그리며 어머니의 손맛을 떠올릴 수 있는 음식, 외로울 때 향수에 젖을 수 있는 그런 음식 말이다.

가족사진 찍던 날

　남의 집을 방문해 거실에 들어서면 제일 먼저 그 집 가족사진에 눈길이 간다. 이 사람은 누구이고 저 사람은 누구라고 소개를 받을 때면 사진에서 얘깃거리가 피어오른다.
　늘 이런 사진 한 장을 찍고 싶었던 나도 최근 그 꿈을 이루었다. 영국으로 훌쩍 날아갔던 아들 내외가 다섯 식구가 되어서 돌아오기까지 어언 8년이 걸렸다. 이들이 도착할 날을 손꼽아 기다렸지만 건강상 이유로 늦어졌다. 현관문을 두드리며 할머니를 부르는 아이들을 집에서 맞이하게 되었다. 우리는 기다렸던 과제를 풀듯 사진관으로 향했다.
　사진을 찍을 때면 "김치 하세요."라고 하던 그 말도 이제는 서양 치즈에 밀려났다. "치즈 하세요."라는 말에 저마다 표정도 다르고 생각도 다르지만 지금 이 순간만은 모두 행복한 웃음을 지었다. 열두 명의 가족이 한곳에 모여 사진을 찍는 것도 보통 일이 아니었다. 옷 색깔과 분위기를 맞추고 카메라 앞에 서기 전 서로 거울을 보느라 분주하다.

　키가 맞지 않으면 발판으로 키를 맞추고 머리가 약간 넘어가면 똑바로 세워주고, 간격이 좁으면 떼어주고 넓으면 또다시 좁혔다. 누나가 더 예쁘게 웃는가, 동생이 더 의젓한가, 한참 동안 실랑이를 벌이고 나서 사진 한 장이 완성되었다.

　그래도 그 순간만은 좋은 추억을 남기고 싶어서일까. 누구 하나 불평하지 않았다. 어른들은 그렇다 쳐도 어린아이들도 즐거운 표정으로 말을 잘 따라주었다. 그러기를 여러 차례 거듭하고 찰깍찰깍 소리가 여러 번 나고서 촬영이 끝났다. 모두 큰일이나 치른 듯 해방감을 맛보며 움직였다. 그렇게 찍은 가족사진은 바로 모니터 화면에 비쳤다. 어떤 표정이 더 좋은지 각자 자기 얼굴에 관심이 쏠렸다.

　예전에는 누구 하나가 표정이 잘 나오지 못하면 '조금만 고개를 이쪽으로 할 걸' 하면서 아쉬워했다. 하지만 이제는 본인이 원하는 표정을 옮겨 편집할 정도로 기술이 발달해서 각자 원하는 표정의 사진을 가질 수 있게 되었다.

　카메라 앞에 서면 손가락으로 V자 포즈를 취하는 아이들도 이날만은 사진 기사가 시키는 대로 잘 따라주었다. 그 포즈는 영국 수상을 지냈던 원스턴 처칠에서 비롯되었다. 승리를 표시하는 V자를 치켜든 손가락의 모습이 당시 신문의 머리기사를 장식했다. 그 모습이 전 세계 사람들에게 강한 인상을 주었고 이후 사람들은 국가 간에 전쟁이 일어나거나 운동경기를 할 때 승리를 자신하는 V자를 하게 되었다.

　새로운 사진을 찾아오기 전, 흘러간 추억의 사진첩과 그동안 미루어두었던 사진을 정리했다. 상자에 사진이 가득했다. 옛 사진들 속에는 헤어진 지 오래된 어머니의 모습도 보였다.

　'그곳에서 편히 쉬고 계시는지요.'라고 안부도 물어보고 사진을 쓰다듬으며 품에 끌어안았다.

　앳된 얼굴에 양 갈래로 머리를 길게 땋아 내리고 흰 저고리에 검정 치마를 입고 다정하게 손을 잡은 친구는 지금은 어디에서 무엇을 할까. 그 사람이 아니면 시집도 안 갈 거라고 눈물 바람을 하던 친구는 뒤에 들은 소문으로는 부모님의 성화에 밀려 다른 사람과 결혼해서 편치 않은 결혼생활을 한다고 했다. 소식이 궁금하다. 처음 사진을 찍으며 어떻게 해야 할지 몰라 어색해하는 내 젊은 시절도 있다.

　그리 오래되지 않은 사진을 보고 한참을 웃었다. 빨간 해병대 모자에 개구리 무늬 옷을 입고 무겁다는 군용보트를 머리 위로 올리고 행진하는 사진이다. 여러 명 중에서도 유난히 키가 큰 한 사람이 보인다. 자세히 보니 자랄 때부터 동네에서 키 큰 아이로 불렸던 낯익은 아들이다. 키가 커서 불리할 때가 있다고 했지만 해병대에서 훈련 중 고생했던 것이 새삼 기억이 난다. 자식을 낳을 때 안성맞춤으로 낳을 수는 없을까 하는 말도 안 되는 생각을 하며 혼자 웃었다.

이제는 잊어버리려고 내놓은 사진을 쉽게 버리지 못해서 보고 또 본다. 나이를 먹으면 사진부터 정리해야 한다는 말에 고개를 끄덕이게 된다. 이렇게 많은 추억을 다 버려야 할 때다. 버린다는 것은 또 다른 시작이라고 하지 않던가. 하지만 쉽지 않다. 마음이 허전할 때마다 쳐다보는 지난날의 추억들이 지금의 나를 향해 활짝 웃고 있으니까.

꺼지지 않는 열정

　남녘에서 날아드는 꽃 소식은 내 가슴에도 꽃씨를 뿌렸다. 그러나 우리 집 뒷산에서는 잿빛 겨울이 머뭇거리고 있다.
　봄이 오기만을 기다리는 나는 아침에 일어나면 맨 먼저 창문을 열고 산을 바라본다. 내가 잠든 사이에 봄이 온 것만 같아서다. 그렇게 초조한 내 마음을 몰라주고 찬바람만 불어 몸을 움츠리게 한다. 따스하고 생기 넘치는 봄기운을 받아 수술한 내 환부도 빨리 회복되기를 간절히 바라는 마음이다.
　처음 병원에 갔을 때만 해도 견딜만한 아픔일 거로 생각하고 두 다리를 내밀었다. 막 수술을 시작했을 때 다른 환자들이 수군거리는 것도 별 마음을 쓰지 않았다. 매도 먼저 맞는 것이 낫다고 생각했기 때문이었다. 몸이 아프다는 것은 우선 자신이 견디기 힘들고 남의 도움을 받지 않고서는 아무것도 할 수가 없다는 것이 너무 싫었다. 남 앞에 치부를 드러내야 하고 인간의 존엄성을 지키지 못하는 것에 대해 한없이 작아지는 자신을 돌아보게 되었다.

　이 병실에서 여섯 명이 같은 아픔을 안고 만났다. 서로 찡그린 모습을 보이지 않으려고 억지 미소를 지으며 잘 견뎌내자고 위안하며 버티고 있었다. 매일 새벽 다섯 시 반이면 훤하게 등을 밝히면서 혈압계를 어깨에 멘 간호사가 가벼운 눈인사와 함께 병실로 들어왔다. 환우들의 팔을 걷어 올리고 혈압을 쟀다. 이들은 밤새 통증을 호소하는 환우들을 돌보느라 뜬눈으로 아침을 맞은 분들이다.

　이제 여기저기서 커튼 걷는 소리와 함께 부스스한 얼굴을 내밀었다. 어젯밤 잘 잤느냐는 뜻으로 미소를 보냈다. 누구는 밤새 앓는 소리를 내고 누구는 코를 심하게 골더라는 등 아침 인사가 오갔다.

　이어서 아침밥이 나왔다. 침대에 부착된 식탁을 차리고 맛있게 먹으라는 인사와 함께 밥상을 받았다. 대다수의 환우는 밥맛이 없다고 했다. 치료를 위해 먹어야 하는 약이지만 그 약의 독한 냄새가 입맛을 감소시키는데 한 몫 하는 것 같았다

　입원실에 있다 보면 햇빛을 못 보는 것도 한 가지 이유인 듯 환우들의 혈색이 곱지 않다. 다행히 환우들의 연령대도 비슷하고 동병상련이라 서로의 마음을 헤아릴 줄 알았다. 너나 할 것 없이 문병 오는 사람들이 가져다주는 음식을 나눠 먹으면서 서로의 아픔을 어루만졌다.

가족이란 울타리는 늘 소중하지만 몸이 아프면 더욱 의지하게 된다. 외국에 사는 아들은 미안한 마음에 자주 전화를 한다. 가까이 사는 딸도 직장인이라 늘 바쁘고 마음대로 할 수 없다는 것을 알기에 충분히 이해한다. 그나마 어렵게 시간을 내서 찾아줄 때마다 고마울 따름이다.

아들네 식구가 보고 싶었던 차에 전화라도 오면 나도 모르게 울먹이면서 아프다고 하소연을 하게 된다. 그러고 나면 미안한 생각도 들지만 한결 아픔이 덜한 것 같다. 가족은 서로의 버팀목이니까. 뒤늦게 알고 입맛에 맞는 음식을 만들어 찾아준 친구 또한 없어서는 안 될 소중한 사람들이다

입원하기 전 그동안 읽을 책을 준비하고 나름대로 조용한 시간에 좋은 작품을 하나 써보리라고 다짐했다. 언제는 시간이 없어 작품을 못 썼던 것처럼…. 그동안 병원 생활을 얼마나 쉽게 생각했던가. 한 달의 입원 기간 책이 옆에 있다는 생각조차 할 수 없었다.

짧다면 짧은 기간에 경험한 병원 생활은 나 자신이 얼마나 나약한지 돌아보게 했다. 유명한 작가의 작품을 보며 투병 중에 미완성 작품을 완성하고, 고통 중에 쓴 글을 생각 없이 읽었을 뿐 그분들의 어려움을 깊이 헤아리지 못했던 마음이 부끄러울 따름이다. 남의 큰 고통보다도 내 손톱 밑의 가시가 더 아프다고 하던 말을 자꾸만 되뇌게 했다.

오늘은 왜 이렇게 더 아프냐고 말하면, 내일은 비가 온다는

뉴스를 봤다고 말한다. 어린 간호사들이 환우들의 고통을 알고 하는 말이다. 노환으로 팔다리가 쑤시면 내일은 틀림없이 비가 온다. 일기예보를 보지 않고도 알 수 있다고 해서 웃어넘겼던 일이 이제 남의 일이 아니어서 서글픈 웃음만 나왔다.

고령화 시대가 되면서 정형외과를 찾는 어르신들이 늘었다고 한다. 늦은 연세에 수술하고 사력을 다해 아픔을 견뎌내는 모습을 보면서 옛날 생각이 났다. 타고난 건강대로 살았으면 어땠을까. 의학이 발달하면서 장수 시대는 앞당겼지만 과연 이런 삶이 행복하다고만 할 수 있는가 깊이 생각해보기도 했다.

젊었던 시절 좀 더 건강에 관심을 가지고 돌보지 못했던가 해서 후회된다. 지금이라도 내가 경험한 모든 것을 동원하여 자식들이 되풀이하지 않도록 주의를 심어주고 싶은 마음이다. 건강은 본인의 관리도 중요하지만 타고난 부모의 탓도 있다 하니 무척 조심스럽다.

이제는 의술이 좋고 약도 좋은 시대라 이런 수술쯤은 완치되고 나면 백두산도 올라간다는 희망적인 이야기도 들었다.

회복실로 돌아왔다. 담당 의사가 존경스럽고 믿음직스러워 하루에 한 번씩 회진 시간을 기다렸다.

"잘 참아줘서 고맙습니다."라는 말 한마디에 위로를 받고 참고 또 참았다. 사랑이 없이는 할 수 없는 의료진 여러분들과 환우를 가족처럼 돌봐주는 간병인들 또한 감사할 따름이다.

앞으로 십여 년이 아닌 더 오랫동안 걸어 다니기에 아무런 걱정이 없다고 한다. 그동안의 아픔을 말끔히 잊어버린 지금 나는 행복하다. 시간이 지나면 옛일을 회상하겠지. 잠시 아픔을 견디고 나면 이렇게 건강한 날이 온다. 관절이 나빠 고생하는 분이 있다면 치료받고 행복한 여생을 보내기를 권한다. 시간이 지나고 나면 분명 봄이 올 것이다.

사춘기 손녀딸

"아직도 자고 있구나. 일어나, 할머니 왔다. 밥 먹어야지."
 갑자기 벌에 쏘인 듯 화를 내는 아이. 이런 일을 예상했기에 늘 조심한다는 것이 또 화를 자초했다. 살그머니 문을 닫고 나온다. 이곳은 사춘기라는 벼슬을 하는 외손녀 방이다. 용무가 있을 때는 반드시 노크하라는 등 여러 가지 주의 사항을 적어서 문에 붙여두었다. 평소에도 제 오빠, 언니와 달리 좀 까칠한 면이 있던 아인데 더구나 사춘기 벼슬을 앓는 중이다.
 그런 아이와 함께 제주도로 여행 갈 기회가 생겼다. 딸이 회사 일로 나흘 동안 출장 가는 편에 손녀딸 둘과 내가 동행하게 되었다. 출발에 앞서 딸이 부탁해둘 것이 있다면서 화목하게 다녀오자고 했다. 그런 뜻에 따라 엘리베이터를 타고 내려가면서 손을 모아 다짐했다. 공항에서 탑승시간을 기다리면서 다시 잘 갔다 오자고 손을 모아 파이팅을 외쳤다.

무슨 경기 하러 가는 것도 아니면서 이런 것을 두 번이나 하며 그렇다고 많은 식구가 나선 것도 아닌데 왜 이래야 하는지….

아이들을 키우다 보면 같은 형제지만 성격도 각각 다르고 생김새도 다르기 마련이다. 아이 엄마가 직장 생활을 하다 보니 첫째와 둘째 아이는 세상에 나오자 바로 내 차지가 되었다. 내 아이를 키울 때 느끼지 못한 특별한 사랑이 있다는 것을 행복으로 여기고 두 아이를 키워 초등학교에 보냈다.

딸이 직장 생활을 하니 둘째가 끝인 줄 알았다가 조금 늦게 셋째가 태어났다. 이 아이까지 키운다는 것은 외할아버지가 반대했다. 사실 두 아이를 키우고 나니 셋째는 자신감이 떨어지기도 하던 참에 남편의 반대에 오히려 반가운 마음이 들었다.

해서 셋째는 지방에 계시는 조부모님 댁에 가서 크면서 엄마를 주말에 한 번 정도 만나니 떨어져 있는 시간이 있었고 그러든 차에 딸이 큰아이 둘만 데리고 이 년간 미국 연수를 가면서 아이와 또 떨어지게 되었다.

그때는 어려서 함께 갈 수도 없었거니와 친부모님이 애지중지 보살피기에 별문제가 없는 것으로 알았다. 어린아이지만 엄마에 대한 그리움 때문인지 병치레를 많이 해서 조부모님이 고생한다는 소식을 듣기도 했다. 그러다 이 년이 다 되어 공항에서 엄마를 만난 아이는 그 후로는 병원에 가는 일도 없이 잘 자랐지만 좀 괴팍한 성격을 보였다.

큰아이들 둘의 학교 문제도 있고 해서 지방에 계시던 친부모님이 서울로 이사를 오면서 아이들 양육문제는 해결했다. 셋째 아이는 외할미인 나와 몇 십 년의 세월을 넘어 띠동갑이다. 그래서 더욱 잘 통할 줄 알았는데 그게 아니다. 비단 둘 사이의 문제만 아니고 아이의 성격이 좀 별나다고나 할까. 화가 나면 바로 표출하는 바람에 유독 마찰이 잘 생겼다. 어떻게 생각하면 엄마와 떨어져 있었던 것이 마음에 걸려 미안하기도 했다. 언니와 오빠만 키워주고 나만 시골로 보냈다고 서운한지 유독 심술을 잘 부렸다.
　큰아이 둘은 할머니라고 하는데 셋째는 꼭 외할머니라고 부른다. 그런데 이 아이가 사춘기란다. 위의 두 아이를 키우면서 별로 어려움을 모르고 무난하게 지나갔던 터라 그것 또한 마음에 들지 않았다.
　옛날 우리가 자랄 때는 사춘기라는 말도 없었고 그저 말을 잘 듣지 않는 나이로 여겼다. 아들딸 키울 때도 사춘기라고 배려해준 기억도 없고 드러나게 성가신 적도 없었다. 그러나 세월이 변하니 아이들의 크는 과정도 변한다는 것을 이해할 수밖에 없다.
　정작 제 엄마는 잘 참는다. 어릴 때 떨어져 있었던 것이 늘 미안해서라며 잘 다독인다. 그렇지만 요즘 젊은이들은 속이 깊고 이해심이 많다. 때로는 나이 많은 할미가 민망할 때가 있어 성격 차이라고 생각하고 만다. 집에서는 까칠하지만 학교에 가면 더 약한 친구들을 잘 도와주고 이해심이 많은 아이라고 선생님이 칭찬하신다.

좋은 말이건 나쁜 말이건 첫마디에 화를 낸다. 성격이 비슷한 띠동갑인 외할미와는 잘 부딪치는 사이가 되었다. 그래서 나흘 동안 화목이 우선이라고 제 엄마가 강조했다.

사실 할미와 손녀가 입씨름하면 누구 편을 들어야 할지 난감한 사람은 아이 엄마다. 옛날 사람들은 이런 경우 체면을 봐서라도 엄마 편을 들었겠지만 지금은 공정함을 제일로 아는 시대라 겉으로는 아닌 체하지만 냉정한 편이다.

사람과 사람 사이의 기 싸움이랄까. 돌아서면 헛웃음이 나오는 다툼이지만 그 순간만은 한 치의 양보도 없다. 자칫하면 눈싸움부터 밀리기라도 할까봐 서로 노려본다. 그 싸움은 돌아서면 실소하고 어이없이 지는 쪽은 늘 할미다. 벌침도 자주 맞으면 둔해진다는데 이 침은 맞을 때마다 참기 싫은 새로운 맛이다.

다음 날은 딸이 일이 있어 잘 지내라고 부탁하고 나갔다. 인내심을 끌어 모아 배고파서 일어날 때까지 기다렸더니 기분 좋은 얼굴로 일어났다. 저녁에 만날 딸에게 보여줄 선물로 아이들이 즐거워하는 모습을 사진에 담았다.

제주에서 한 행사에 참석하게 되었다. 스포츠 스타와 개그맨, 여러 명의 연사가 초청되었다. 코리안 특급의 박찬호, 리듬체조 신지수 선수 같은 분들의 끊임없는 도전과 역경을 이겨낸 사연이 청중들에게 또 다른 감동을 선사하는 시간이었다.

입담 좋은 개그맨 김제동이 진행하는 문답식 강연에는 방청석에 카메라가 오면서 질문할 사람을 찾았다. 맨 먼저 우리 사춘기 손녀가 손을 번쩍 들었다.

몇 살이냐고 물으니 열두 살이란다. 그럼 아무개는 무엇이 궁금하냐고 하니 행복에 관해서 묻고 싶다고 했다. 옆자리에 앉아있는 아이 엄마와 할미는 내심 깜짝 놀랐다. 일상에서 자주 화를 내는 아이가 자신이 불행해서 그런가 하는 생각이 들었다. 연사가 아이를 보고 지금 행복하게 살고 있느냐고 물으니 "예 행복하게 살고 있습니다."

맨 앞자리에 앉아서 그런지 두 번째도 질문할 기회를 얻어냈다. "당신은 어떻게 해서 사람들에게 즐거움을 주는 직업을 택하게 되었습니까." 그 질문에 연사는 기가 막히지만 역시 타고난 입담과 재치로 청중을 웃기고 질문의 대답도 잘 풀어나가는 여유를 보여주었다.

말을 잘해서 여러 사람을 즐겁고 행복하게 해주는 사람도 있는데 가장 가까운 가족에게도 말재주가 없어 재미없는 사람도 있다. 어린 손녀딸이 천진하게 웃을 수 있는 달콤한 말 한마디 해주지 못하고 맞서는 건 무슨 일인가.

아이를 깊이 이해하지 못한 할머니가 되고 싶지 않아서 "정말 할머니 말이 그렇게 듣기 싫으냐." 하고 물었더니 왜 이런 질문을 하는지 의아해했다. 아직은 이렇게 단순한 아이를 상대로 딸의 마음조차 상하게 한 자신이 어이없음을 느낀다. 이번이 처음도 아니지만 육십 년을 뛰어넘은 띠동갑 할머니 철 좀 들어야겠다.

이 아이는 주말마다 만나면 제 기분에 따라 "외할머니!" 하며 안길 때도 있고 여전히 화를 내기도 한다. 얼른 사춘기를 벗어나 개성 있는 예쁜 손녀딸로 자라 주기를 바란다.

나이를 먹었다고 해서 다 어른이 되는 것도 아니고 어른답게 처신하기가 가장 어렵다. 존경받는 어른이 된다는 것은 더욱더 어렵다는 것을 실감한다.

이제는 한발 물러설 생각을 하며 육십 년 전으로 돌아가 손녀와 친구처럼 지내고 싶다.

선거운동

　봄과 함께 선거철이 돌아왔다. 길거리에 현수막이 내 걸릴 때면 수십 년 전 가슴속에 가라앉아 있던 상처가 남모르게 고개를 든다. 사회경험도 부족하고 철이 없었던 때, 내가 감당하기에는 벅찬 숙제가 주어졌다. 지금 생각해도 진정이 잘 안 되고 두렵고 가슴이 뛰었다.
　아들과 딸이 이제는 중년의 나이가 되었다. 초등학교 입학도 하기 전인 어린 나이에 아빠가 고향에서 국회의원 출마를 했다. 정치인이 어떤 일을 하는 사람인지도 모르는 아이들을 데리고 선거운동하러 큰댁으로 내려갔다.
　고향 곳곳의 벽에는 아빠의 사진이 붙어 있었다. 이것을 본 아이들이 아빠 여기 있다고 좋아했다. 그래서 엄마가 하는 이야기를 잘 들으라고 하면서 자세히 설명했다. 그때가 이미 옛날이 되었다.

남편이 국회의원 선거에 출마했는데 내 고향이 아닌 남편의 고향이니 낯선 사람들뿐이었다. 어떻게 해야 할지 몰라서 하는 것마다 주눅이 들었다.

처음부터 마음을 다잡고 남편을 따르긴 했지만 선거를 치른다는 것은 너무나 모험이라는 생각이 들었다. 물론 형님 내외분의 큰 결심 끝에 허락을 받고 그곳에 캠프를 쳤다. 이렇게 하기까지 후보뿐 아니라 형제들도 공을 들인 곳이다.

후보자의 형님과 형수님이 부모가 되어 밤늦도록 사람들을 만나고 집에는 매일 잔칫날이었고 운동원들로 떠들썩했다. 형님은 그곳이 고향이고 사업을 하다 보니 거의 다 낯익은 사람들이다. 그러다 보니 사업장에도 무조건 한 표 주겠다는 빌미로 무엇이나 외상으로 가져가면서 그냥 간다고 했다.

후보자는 공직생활을 하면서도 가정보다는 고향 사람들 대접하기 바빴고 마음은 고향에 가 있었다. 나름대로 길을 닦는데 소홀히 하지 않았다.

그러나 출마하려면 정당 공천을 받아야 하지만 지지를 받는다고 해도 어려운 싸움이라고 했다. 유권자의 마음을 얻는다는 것은 참으로 힘든 일이었다. 그러나 이곳에서 살아본 일이 없는 나는 마음 둘 곳이 없었다.

후보자는 첫 출마에 무소속으로 나섰다. 후보자 중에서 가장 젊었다. 처음 벽보를 붙이고 뛰어든 선거라는 바다는 민심이 무엇인지 표심이 어디인지 암울했다.

지나가다 벽보 옆에 서 있는 사람이 어느 후보에게 관심이 있나 보게 되고 전단을 나누어 주며 "잘 부탁드립니다."라는 말 외에는 할 말을 찾지 못하고 스스로 주눅이 들 뿐이었다.

사람마다 표심으로 보였기 때문에 행동하기가 정말 어려웠다. 이제 흐름으로 보아 아빠가 어려운 일을 한다는 것을 느꼈는지 아이들도 전단지를 들고 다녔다. 식당에 음식을 먹으러 들어가면 손님 앞으로 가서 "우리 아빠 한 표 찍어주세요." 하면서 아빠의 명함이나 전단을 주며 인사를 했다. 얼마나 공손했는지 어느 분은 "너희 아빠 꼭 찍어줄게." 하면서 격려도 해주었다. 딸은 그렇게 할 줄 알지만 아들은 아직도 말이 서툴러 찍찍하면서 찍는 시늉을 했다. 그 모습을 본 사람들은 웃으면서 어린 나이에 고생이 많다고 머리를 쓰다듬어 주기도 했다.

선거운동이란 어떤 마음으로 하느냐에 따라 후보를 좋은 이미지로 덕을 보게도 하고 자칫하면 누를 끼칠 수도 있다. 유권자들의 눈과 귀는 무서울 만큼 예리하고 정확한 것 같았다.

요즘은 텔레비전을 통해 선거운동을 하여 후보자를 자세히 알아볼 수 있다. 유권자로서는 후보자를 선택하는데 큰 도움이 된다. 그때만 해도 학교 운동장 같은 데서 합동으로 연설하고 전단과 벽보를 보고 결정하던 때였다. 남자들은 퇴근 후 술잔을 기울이면서 후보자를 안주 삼아 여론몰이를 하기도 했다. 그분들이 하는 말 한마디도 허투루 넘길 수 없었다.

우리는 무소속이다 보니 벽보의 사진도 맨 끝에 있고 보는 사람들이 무슨 당이라고 마음을 두고 이야기하는 것을 볼 때면 정당 지원을 못 받았으니 외롭고 불리한 출발이었다. 수십 년이 지났지만 선거철이면 깊은 곳에서 뭉클하고 올라오는 것이 있다. 남다른 감회인지 상처 같은 것이랄까.

  아직도 여수 오동도를 걸을 때면 생각난다. 떨어진 동백을 주워든 손등에 떨어진 것이 외로움인지 서러움인지 미지근한 액체의 의미를 아직도 모르겠다. 길을 가다가도 후보자 가족이 아닌 부담 없는 사람들의 그림자까지도 평화로워 보였고 부러웠다. 어둑해질 무렵 술 취한 사람이 길에 쓰러져 있기에 조심스럽게 일으켜 세워 보내면서 한 표 부탁한다는 말을 등에 실어 보냈다. 선거를 통해 표를 많이 얻어 승리는 못 했지만 삶의 지혜라도 좀 더 쌓였는지 자문해 본다.

  후보자를 당선시키기 위해 밤잠을 설치며 함께 뛴 운동원들은 선거를 두고 처음에는 길바닥으로 나와 얼굴을 알리는 것이라고 했다. 그 위로가 겨우 쓸어 담은 가슴을 또 뛰게 했다.

금강산 관광

　오랫동안 열어보지 못했던 서랍 정리를 했다. 전에 썼던 지갑과 은행 통장도 있었다. 혹시 잊고 있던 눈먼 돈이라도 있나 싶어 호기심이 생겼다. 그러나 그런 재미는 없었다.
　그때 눈에 들어온 것은 내 사진이 들어있는 목걸이형 신분증이었다. 오래전에 금강산 갈 때 목에 걸고 즐거워했던 그때가 떠올랐다. 지금부터 십육 년 전 일이다. 반갑고 오랜 친구를 만난 듯하여 신분증을 만져보았다.
　2005년 현대아산에서 금강산 관광을 신청 받아 순서가 되면 누구나 갈 수 있을 때였다. 그러나 내가 가게 될 줄은 생각도 못했다. 퇴근 후 남편이 내 발을 내려다보면서 고개를 갸우뚱했다.
　"그 발로 금강산을 갈 수 있을까."
　금강산이라는 말에 망설이지 않고 갈 수 있다고 했다. 걸을 수 있다는 것을 보여주기 위해 애를 쓰니 그런 마음이면 같이 가자고 했다.

그때 나는 발가락이 아파서 수술하고 며칠 입원을 했다가 퇴원한 상태였다. 신발도 병원용 슬리퍼를 신어야 했다. 이런 기회가 쉽지 않으리라 싶었고 그때만 해도 젊었다고나 할까.

하필 이런 와중에 가게 된 것은 금강산에서 사업하는 남편의 지인이 이번에 꼭 같이 갈 기회라며 초대했다. 다른 곳이 아파 누워있는 것도 아니고 차타고 다닐 테니 괜찮을 거라며 동행을 권했다. 남편도 가고 싶다고 아무 때나 가는 곳이 아니기에 서운해 할까봐 말한 것 같다.

서울에서 강원도 화진포로 갔던 기억이 나는데 워낙 오래되었다. 그곳에 도착하니 신분확인 절차가 기다리고 있었다. 차를 타기 전 신원 확인서를 제출하고 통과하는 시간이 까다로웠다. 우리는 그곳에서 사업하는 사람의 일행이라 통과가 수월했던 것 같다. 줄을 서서 따라가니 북한으로 갈 현대아산 관광버스가 줄지어 서 있었다.

화진포에서 점심을 먹고 출발하여 국경을 넘어가니 가슴이 뭉클했다. 이렇게 가까운 곳에 고향을 두고 온 실향민들의 안타까움이 절실하게 느껴졌다. 길가에 보초 선 인민군들의 모습에서 북한 땅에 들어왔다는 것을 실감했다. 검문소에서 군인들이 차 안으로 들어와 거수경례했다. 차 안을 둘러보는 눈매가 차가웠다. 목적지에 도착까지 몇 번 차를 세웠던 생각이 났다. 가는 동안 멀리 민가가 보일 뿐이었다. 사람들의 왕래를 거의 볼 수 없었다.

차에서 내리니 제일 먼저 큰 현수막이 보였다. 붉은 글씨로 '우리 식대로 산다'라는 글귀가 곳곳에 걸려있었다. 철저한 경계심이 느껴졌다.

금강산호텔에 여장을 풀었다. 그곳 직원들의 카리스마에 긴장을 늦출 수가 없었다. 남녀직원들의 눈매나 행동 하나하나가 군에서 쓰는 말로 절도라는 말이 떠올랐다.

긴장을 늦출 시간도 없이 일정대로 호텔을 나왔다. 엿장수라는 사업은 어디나 신명난 노랫가락이 따르는 법, K사장도 미모를 겸비한 국악인 한 분과 북을 치는 사람을 동행했다. 온정각 광장은 휴식을 취할 수도 있고 식사도 하고 공연도 할 수 있는 곳이었다.

공연이 시작되고 엿을 든 여직원이 나서니 엿 장사는 성황이었다. 같이 온 일행들이 엿을 못 먹어 봤을 리가 없는데 이곳에서 엿장수를 보니 반가워서 그런지 여기저기서 지갑 여는 소리가 들릴 정도였다.

저녁에는 금강산 문화회관에서 북한의 자랑거리인 평양모란봉교예단 공연을 관람했다. 텔레비전을 통해서도 보았지만 사람이 이렇게까지 재주를 부릴 수 있을까 싶고 저들의 왜소한 체구에 연민의 정을 느꼈다.

아침 식사는 일곱 시부터 시작인데 메뉴는 호텔 음식답게 깔끔하고 품격이 있어 보였다. 직원들의 미소도 볼 수 있어 간단한 질문도 해봤다.

점심식사는 온정각에서 단체로 먹었다. 현대아산에서 무공해 상추와 치커리를 직접 재배했다고 하니 별맛이라고 칭찬했다. 종업원들은 모두 현대 직원들이었다.

이제 금강산 오르는 시간이 왔다. 코스는 세 곳이 있었다. 이월이라 추위가 대단할 때였다. 비로봉을 바라보며 즐기는 야외 온천수는 류머티즘과 신경통, 피부미용에 신비로운 효험이 있다고 선전했다. 옥류봉 가는 길도 있다고 했지만 나로서는 마땅한 것이 없어 혼자 남고 남편은 비로봉 등반에 합류했다. 추위를 무릅쓰고 올랐던 그곳은 꼭 한번 보고 가야 할 만하다는 이야기를 듣는 것으로 만족해야만 했다.

면세점을 구경할 시간이었다. 눈에 들어온 것은 북한산 술과 그곳에서 나는 묵나물과 고사리들인데 구입하는 관광객들을 볼 수 있었다. 이곳은 낯선 물품들이 있는 곳이 아니라 면세점은 눈으로만 보았던가 싶다.

돌아오는 길에 자전거에 짐을 싣고 달리는 사람들이 보였다. 머리에 보따리를 이고 가는 주민들이 가끔 보일 뿐이었다. 워낙 추울 때라 그런지 나들이를 나왔다 싶은 사람들은 보이지 않았다.

이렇게라도 이산가족들의 마음에 작은 희망이 보였던 관광도 지금은 안타깝게도 중단되고 말았다. 연로하신 분들이 꿈에 그리던 북한 땅을 왕래할 수 있는 날이 하루빨리 오기를 기원해 본다.

아버지의 소

 오늘은 시골 장날이다. 농부는 그간 가족 같았던 소를 몰고 장으로 간다. 우시장이 열리는 곳에는 사람들이 웅성웅성하고 소울음소리가 들린다. 소를 팔려고 온 농부는 값을 더 받으려 하고 소를 살 사람은 건강 상태를 이리저리 보고 입속까지 자세히 살펴본다.
 한참을 입씨름한 후에 드디어 흥정이 끝났나 보다. 농부는 두툼한 지폐를 주머니 속에 넣고 소의 엉덩이를 툭 치며 잘 가라고 인사를 한다. 그리고는 만족한 듯 주머니의 지폐를 다시 한 번 확인하고 불그레한 웃음을 지으며 막걸리 집으로 발걸음을 향한다. 텔레비전에서 본 장면이다.
 '저렇게 소와 이별할 수도 있구나.'라는 생각이 들었다. 오래 전 아버지 생각이 났다.
 아버지가 거처하시던 사랑채는 방이 한 칸이고 소죽 솥이 걸려있는 부엌과 마구간이 있었다. 동네 어른들이 긴히 의논할 일이 있을 때마다 우리 집 사랑채에 모인다. 외부에서 장사꾼들이 오면 마당 넓고 인심 좋은 집을 찾게 된다. 어머니는 그들이 우리 집에 묵어가는 동안 손님 대하듯 밥상을 차려냈다.

농사를 많이 짓던 농가에서는 소가 차지하는 비중이 크기 마련이었다. 아버지도 소에 대한 애정은 가족 그 이상이셨다. 안채와 사랑채가 떨어져 있기도 하지만 아버지와 소의 관계는 각별했다. 안채와는 달리 한 지붕 아래 기거하는 특별한 가족이었다. 소와 가까운 거리에 거처하던 아버지는 여물을 먹는 것만 봐도 건강 상태를 짐작하셨다.

감자를 캘 때면 씨알이 잔 것은 소 먹잇감으로 따로 가마니에 보관했다. 소죽을 끓일 때는 어머니 몰래 귀한 콩을 한 바가지씩 퍼다 넣고 끓여 주고 당신이 드신 것보다 더 흐뭇해하셨다. 등을 쓰다듬으시며 비질을 하는 것만 봐도 오늘은 소에게 특별식을 주었구나 짐작하지만 어머니는 남편이 하는 일을 크게 나무라지는 않았다.

아득한 앞날을 예견할 때 쇠털같이 많은 날이라고 비유한다. 그 많은 털이 윤기가 흐르도록 돌보셨다. 날씨가 추운 겨울이면 거적을 씌워 떨지 않게 해주고 밤중에도 들락거릴 일이 있으면 마구간 쪽으로 관심을 두었다.

아버지가 하는 일은 늘 무겁고 힘든 일이었다. 그 많은 농사는 물론 산에 땔감을 하러 갈 때도 소와 같이 갔다. 돌아올 때

소는 무거운 통나무를 양쪽에 싣고도 성큼성큼 걸어왔다. 실어주는 대로 거역하지 않고 묵묵히 짐을 나르던 소, 그뿐이 아니었다. 사기그릇 공장을 하던 주인을 만난 소는 그릇의 원료가 되는 흙도 길마에 싣고 와야 했다. 마당에 내려놓은 나무를 보면 이것을 혼자서 베었다는 생각에 어린 마음에도 아버지는 늘 태산 같았다. 소를 잘 먹이지 않고서야 어떻게 부릴 수가 있었겠는가. 당신에게 소는 가족 그 누구와도 비교할 수 없는 단짝이었다.

우리 가족이 시골 생활을 끝내고 이삿짐을 실은 트럭을 타고 이사를 했다. 소를 차에 태운다는 일은 생각도 할 수 없었던 때였다. 아버지는 소를 친구삼아 이사 간 곳을 향해 길을 나섰다. 며칠을 걸어야 당도할 수 있는 먼 길인 줄 알면서도 소를 몰고 그 길을 나서신 아버지를 생각하면 지금도 마음이 아프다. 소를 팔고 다시 사면 될 텐데 왜 그렇게 고생을 마다하지 않았을까. 소는 당신에게는 또 다른 가족이었으니까.

엄동설한에 소와 함께 걷다가 마을이 보이면 숙식을 빌어야 하는 고된 여정이었다. 이 얼마나 애틋한 사이인가. 며칠을 걸으면서 나눈 이야기를 철없는 우리가 짐작이나 할 수 있었겠는가.

아버지는 소죽을 다 퍼주고 나면 가마솥에다 물을 부어두고 저녁을 먹고 난 우리에게 발을 씻으라고 하셨다. 가마솥은 오랫동안 식지 않고 뜨끈뜨끈했다. 우리는 뜨끈한 솥 가에 둘러앉았다. 때가 불 때까지 기다리면서 알고 있는 동요는 다 불렀다. 솥에 남은 짚으로 발을 문지르면 묵은 때가 흔적도 없고 뽀얗게 된 발을 자랑하려고 마당을 지나 안채로 뛰어갔다. 딸들의 깨끗한 발을 보면서 흐뭇해하셨던 아버지, 당신은 마음을 헛기침으로 표현하고 가장 엄하게 나무라는 말이 '이 소상들'이라고 하셨다.

이 시대의 아빠들처럼 사랑한다는 표현은 하지 못했다. 그래도 진심 어린 아버지의 따뜻한 온기는 아직도 그리움으로 남아있다. 미혼인 딸들을 넷씩이나 남겨두고 떠나신 당신의 마음은 어떠했을까. 그저 날개 꺾인 새처럼 구석에서 훌쩍이고 있을 뿐이었다. 크게 소리 내어 울지도 못했던 것은 아마도 어머니를 더욱 슬프게 한다고 생각했기 때문이었을 게다.

아버지의 부재로 더는 소를 키울 일이 없었다. 아버지가 떠나시던 날 주인을 잃은 소는 마구간에서 얼마나 많은 눈물을 흘렸을까. 소를 팔게 되던 날 소의 등을 쓸어 주며 떠나보내기 안타까워 눈물을 훔치던 어머니의 슬픔이 소와의 이별뿐이었을까.

요즘 울진에서 발화된 산불로 엄청난 임야를 태우고 주민들이 집을 잃은 일이 일어났다. 가축도 많이 죽고 농가에서는 큰 어려움을 겪는 중이다. 무서운 화마 속에서 주인이 부르는 소리를 듣고 소가 나오더라고 감격의 눈물을 흘리던 주인, 우직하기만 한 소가 이런 민첩한 행동에 오래전 아버지의 소 생각이 난다.

실컷 부려먹고 팔아서 아들딸 대학 보내는 재산이라고 생각했는데 아버지와 소는 우리 기억에서 아련한 그리움으로 남아있다.

진정한 혼수

"엄마, 이 사진 어때요?"
아들이 사진 한 장을 내밀었다.
"이게 누구야?"
"그냥 아는 친구."
"귀엽게 생겼네."
 지나는 말로 데면데면 대답했다. 그냥 친구라고 했지만 아들은 말을 쉽게 하지 않는 터라 보통 사이가 아니란 생각이 들기도 했다. 아직 며느릿감을 구체적으로 생각해보지는 않았다. 하지만 아들이 보여준 사진에 대한 답을 해야 할 것 같은 생각이 들었다.
 아들을 둔 부모로서 은연중에 해둔 말이 생각났다. 내가 쓰는 사투리가 너무 심했던지 남편이 며느릿감은 서울 사람이어야 한다는 말은 해왔다. 그것도 4대가 사대문 안에 거주한 집안에서 며느리를 맞겠다고 했다. 다른 욕심 없이 그 말은 지방 출신인 사람으로서 바라는 것도 무리는 아니라고 생각했다.

　아들이 처음 말을 꺼낼 때는 별말 아닌 듯했지만 마음속으로는 많이 생각했던가 싶다. 아버지의 의도를 알고 있었던 아들은 비장의 카드를 준비해왔다. 4대가 한 집에서 줄곧 살았다는 증거를 내놓았다. 그것도 사대문 안이라고 했다. 남편이 바라던 조건을 떡하니 내보이니 반승낙은 떨어진 셈이었다.

　규수를 처음 만난 자리였는데 교양 있는 태도와 예쁜 서울말로 "아버님!"이라고 하는 말에 그만 둘 다 결혼하라고 승낙해버렸다. 한 가지 덧붙일 것은 건강인데 둘 다 학교 검도부에서 만났으니 보기에도 건강함은 알 수 있었다. 가장 중요한 것은 건강한 몸과 마음이고 아들이 좋다는데 결혼을 반대할 이유가 없었다.

　결혼이라고 하면 여러 가지 조건도 많지만 가장 큰 걱정거리로 떠오르는 것이 혼수 문제이다. 그런데 우리는 그런 혼수는 뒤로 미루어두고 혼사를 치르게 되었다. 결혼 후에 바로 영국 런던으로 유학을 떠나겠다고 했기 때문이다. 둘 다 다니던 직장을 그만두고 떠난다는 통보를 받고 깜짝 놀란 것은 말할 것도 없다. 유학하러 가려면 뒤따르는 비용도 만만치 않을 것이고 갑작스러운 통보에 아버지는 의아해하면서 괘씸하다는 말까지 나왔다. 고심하고 있는 내게 아들이 말했다.

　"지금 나이가 몇 살인데 부모님께 부담을 드리겠어요. 둘이

서 마음의 준비가 다 되었어요. 가방 하나씩 들고 가볍게 떠날 거예요."

자식을 이기는 부모가 없다 하지 않던가. 마음을 비우기로 했다. 우리 내외는 며느리의 예쁜 서울말도 몇 번 들어보지 못하고 영국으로 떠나보낼 수밖에 없었다.

그렇게 보냈는데 잘 도착했다는 소식이 왔다. 지금처럼 보이스톡이라는 무료 전화도 없던 때라 자주 연락도 못 하고 살았다. 일일이 알았으면 더 마음이 아프기도 했을 것이다. 영어가 자신 있었던 둘은 젊음을 발판삼아 부단히 노력하고 서로 같은 생각을 가졌다는 것이 이들의 성공 길잡이가 되었던가 싶다. 그렇게 시작한 인생 공부는 산처럼 쌓아두고 어려움이 있을 때마다 삶의 지혜로 조금씩 꺼내 쓴단다.

아기를 낳을 때가 되었다는 반가운 소식을 듣고 단번에 영국으로 달려갔다. 그리고 얼마 지나지 않아 둘째가 태어났다. 둘 다 예쁜 딸들이었다. 아기 목욕을 씻기면서 행복을 가득 안고 돌아왔다. 첫째와 둘째 출산할 때는 내가 한걸음에 달려갔다. 혼자 손으로 아이 둘을 키우기가 얼마나 힘 드는지 다 아는 일이다. 아들은 공부하랴 직장 다니랴 언제 아이 돌봐줄 시간이 있겠는가.

처음 계획은 같이 유학을 떠났지만 젊었을 때 아이부터 낳아야 한다고 며느리는 공부를 포기했다. 육아와 남편 내조하는 길로 들어선 것이 너무나 고마워 그때부터 아버지의 마음도 서

서히 풀렸다. 무엇보다도 어려움을 겪으면서도 내색하지 않고 잘 산다는 소식만 전해주니 기특하지 않을 수가 없었다.

손녀를 안겨주고는 "이름은 꼭 아버님이 지어주세요." 하고 출생 시간과 친정 할아버지 내력까지 다 적어서 보내준 며느리다. 둘 키우기도 벅찬데 제 남편이 외아들이라고 손자를 꼭 낳아드리겠다고 했다. 요즘 세상에 무슨 그런 말을 하느냐고 괜찮다고 했다.

어느 날 셋째 아이의 초음파 결과 아들이라는 소식을 전해왔다. 그 소식을 듣고 기쁘기도 했지만 한 편으로는 걱정이 앞섰다. 어떻게 키우려고 무리한 일을 저질렀는지 눈물이 핑 돌았다. 손자라니 반가움은 말할 것도 없지만 며느리가 가여운 생각이 들었다. 한 시라도 아이를 봐줄 수 있는 사람이 없는 타국에서 어쩌려고 이러나 싶었다.

도시락을 준비해서 남편 학교 보내랴 직장 보내랴 정신이 없을 텐데 셋째를 낳겠다고 하다니. 친정어머니의 걱정도 이만저만이 아니었을 게다. 셋째 출산 때에는 안사돈이 딸을 위해 한걸음에 비행기에 올랐다.

요즘은 외손자 친손자 가릴 것 없지만 친손자라는 또 다른 이름에 가슴이 설렌다. 며느리가 고맙고, 그때 미루었던 혼수를 이런 선물을 하려고 그랬구나 싶었다. 요즘 젊은 부부들은 아기를 갖지 않겠다고 해서 인구 감소가 사회문제로 떠오르고 있다. 이러할 때 며느리의 마음이 곱게 느껴지고 또한 집안의 기쁨이기도 했다.

　아이 셋은 학교로 가고 아들과 며느리 모두 출근을 하다 보면 늘 바쁠 수밖에 없었다. 코로나 피해가 런던에도 예외는 아니었다. 아들도 재택근무하고 며느리도 학교 교사 일을 쉬고 있으니 집 정리하기에 딱 좋다며 잘 정돈한 집 곳곳을 동영상으로 보여준다. 넓은 정원에 핀 꽃들과 과일나무 사진을 보내오고 있다. 체리나무에 과일이 많이 열렸다며 어머니와 같이 먹고 싶다고 했다. 행복이란 이런 것인가. 예쁜 며느리의 마음이 진정한 혼수라 생각하며 탁월한 선택을 한 나를 칭찬해 주고 싶다. 할아버지가 지은 손주의 이름을 세계인이 자랑스럽게 불러줄 그날을 기대한다면 지나친 욕심일까.

4.
대장장이의 자부심

아들의 정성

　무소식이 희소식이란 말은 하기도 좋고 듣기도 좋다. 전화 자주 드리지 못해 죄송하다는 며느리의 전화를 받으면 전화하기도, 받기도 바쁘다는 핑계를 대며 마음 편하게 살자고 했다.
　이십 년 가까이 벨 소리가 떨어지기 무섭게 아이들 재롱떠는 소리에 서로 웃다가 아이들이 학교에서 상 탔다는 소식을 들으면 칭찬하기 바빴다. 밥 잘 먹고 잠 잘 자라는 말로 끝내는 것이 대화의 내용이었다.
　그런데 얼마 전부터 먼저 해야 할 말이 아버지 좀 어떠시냐는 말이 인사말이 되었다. 저절로 무거운 대화가 오갔다. 쉽게 올 수 없는 형편을 안타까워하고 있었다.
　멀리 있는 동생의 몫까지 무거운 책임감을 느낀 딸은 퇴근길에 병원으로 와서 주치의를 만나고 아버지의 병환 증세를 알아보았다. 아무래도 영국에 있는 동생도 한번 다녀가는 것이 좋을 듯하다고 의논이 되었던가 보다.

 엄마로서는 왔다 간 지 얼마 되지 않았는데 여러 가지로 걱정이 되어 한사코 오지 말라고 했다. 그래도 지금 환자의 병세와 내가 지칠 것 같은 입장에서 내심 얼마나 반가웠는지 몸이 뜨는 듯했다.

 발병한 후 병원에 입원했다가 퇴원할 때도 별일 없을 거라는 의사의 의견에 따라 그럭저럭 석 달이 지났다. 이제는 외출도 하게 되었다고 구급차 소리를 너무 쉽게 잊어버렸던 것이 잘못이었던가.

 공항에서 바로 병원으로 온 아들은 "아버지 제가 꼭 낫게 하여 집에다 모셔드리고 가겠습니다." 단단히 마음먹고 온 듯 아버지를 안심시켰다. 그동안 고생한 엄마는 집에 가서 쉬라고 했다. 장거리 여행에 하루쯤 쉬라고 했지만 젊음이 좋다는 것을 보여주겠다면서 나를 집으로 보냈다.

 조롱 안에 갇혀 있던 새가 창공을 날 때 이런 기분일까. 몸은 훨훨 날았지만 기분은 찜찜한 채 집으로 왔다. 아들이 있을 때 그간 밀렸던 일들을 해 보려 했지만 일이 손에 잡히지를 않았다.

 키가 큰 아들이 낮고 좁은 침대에서 쪽잠을 잘 생각에 집에서 자는 잠이 편하지만은 않았다. 간호사가 시도 때도 없이 들락거리고 환자의 불편한 소리가 들리는데 잠을 잘 수가 없을 것이다. 환자도 환자지만 간호하는 사람이 지칠 수밖에 없었다.

그러나 아들은 가는 날까지 아버지 곁을 지키겠다고 했다. 이것이 제가 온 이유라고 말했다.

딸 아들 키울 때 요즘 아빠들처럼 다정다감하고 친구 같은 아빠는 아니었다. 성격상 아이들에게 속마음을 보이지 않았던 아버지는 건강이 바닥이 나 있는 현실에 아들이 온다는 소식을 듣고 언제 오느냐고 기다리는 빛이 역력했다. 아이들은 철없이 응석을 부리지도 않았고 아버지는 늘 강직하고 어려운 존재로 알고 자랐다. 그런데 오늘 환자복에 크기만 했던 체구는 턱없이 허약한 아버지를 바라보는 아들은 연민의 눈길이었다. 아들을 보는 순간 손을 잡으며 나 좀 살려주고 가라고 했다. 이 한마디에 아들도 나도 미우면서도 눈물이 핑 돌았다. 얼마나 절박하면 저런 말을 할까.

엄마가 힘에 부쳐 못 해주던 병간호를 능숙한 솜씨로 아버지를 도와드렸다. 쉬는 시간 없이 안마를 해드리고 지루하고 아픈 시간을 잠시라도 잊게 하려고 태블릿 PC에서 입맛에 맞는 영화를 찾아 보여 드리기도 했다. 아들의 간호가 편하다는 것을 알게 된 환자는 얼굴이 편안해 보이고 힘을 얻는 듯했다.

담당 의사가 회진 올 시간이면 궁금한 점을 질문하기 위하여 환자의 아픈 곳을 그려두고 의사가 대답을 성의껏 할 수 있도록 자세한 질문을 했다.

그럭저럭 돌아갈 날이 다가오는데 아버지의 병환은 차도가 없으니 답답한 심정이리라. 아들이 며칠 있으면 돌아가야 한다니 좀 더 있다가 가면 안 되느냐고 할 때는 말하는 사람도 아들도 나도 마음이 무거웠다. 가는 날까지 잠 한번 편히 못 자고 이십일일이 후딱 지나갔다.

"아버지, 요즘은 의술이 좋고 믿을 만한 병원이니 꼭 나아서 가실 거예요."라는 희망을 드리고 떠났다.

사람이 떠난 자리는 크다고 하더니 너무 허전했다. 남은 우리 두 사람은 아무 말도 하지 않았다. 휴지통 앞에서 침묵만 흘러갔다.

환자도 늘 아프던 곳보다도 마음이 더 아픈가 보다. 아들을 보내고 허전해할 부모를 생각해서 퇴근길에 딸이 왔다. 많이 섭섭한지 분위기를 살폈다.

내 사촌, 내 친구 영전에

 사촌이 땅을 사면 배가 아프다고 했던 옛말이 있다. 그러나 그 말은 우리 사이에는 있을 수 없는 말이지. 만나면 그냥 즐거웠잖아.
 "우리 집안에도 돈 많은 사람이 있구나." 자랑거리가 있어 좋았던 내 사촌, 내 친구야. 사는 곳이 너무 멀어 자주 만나지는 못했지만 일 년에 한두 번 전화하고 지냈지.
 오랫동안 소식 못 들어 궁금하다 싶으면 먼저 전화하는 사람이 어디 손가락이라도 아프냐며 몰아세웠지. 그래도 목소리가 들리면 그 면박이 사랑으로 느껴져 즐겁기만 했던 친구야.
 그런데 우리가 만날 날을 며칠 앞두고 쓰러졌다는 소식을 전해 듣게 되었어. 날씨도 더운데 과로했나. 혹시 네가 늘 하던 말이 생각났단다. 매 주말이면 출가한 자식들이 다 모여 잔치하듯 야단법석을 떤다더니 자기 몸 아낄 줄 모르는 사람이 큰

일이라도 난 것이 아닐까. 그래도 지금은 의술이 좋으니 털고 일어나기를 바라며 놀란 가슴을 쓸어내렸어.

  부산에 사는 너를 만나기 위해 응급실을 찾았을 때 내가 생각했던 것보다도 더욱 놀랄 수밖에 없었단다. 여러 의료기구에 둘러싸여 있는 너의 손을 잡고 눈 한번 마주치려고 기다렸지만 끝내 묵묵부답이었지. 오래 머물지 못하는 중환자실에서 손가락을 꺼내 약속의 증표를 남기고 꼭 일어나줄 것을 부탁했어.

  어릴 때부터 한 울타리와 다름없는 시골집에서 같은 해 몇 개월 차이로 태어나 코흘리개 시절을 같은 학교에 다니며 싸움도 많이 하고 흙 속에 뒹굴며 소 풀 뜯기고 자란 우리. 그 누구도 알지 못할 또 표현하지 못할 질경이 같은 시절을 함께 겪었지.

  어릴 때 친척들만 모여 살던 우리 동네에서 너와 나는 언제나 같이 다녔던 특별한 사촌 간이었잖아. 그 후로 우리는 또 같은 도시로 이사 와서 같은 생각을 하는 친구였는데 결혼하면서 자연스레 헤어지게 되었지. 그동안 잊고 산 세월이 거의 십여 년이지만 아이가 몇이다, 신랑이 돈을 잘 벌어 사는 것이 걱정이 없다는 정도의 소식만 듣고 살았다.

  이제는 아이들도 많이 컸으니 우리도 자주 만날 수 있는 형편이 되었다. 만나면 지난 일들을 토해내느라 시간 가는 줄을 몰랐었지. 남편 사업이 잘된다고 하고, 거창의 가문 좋은 집안으로 시집가 맏며느리 도리로 아이들도 나보다 배로 많고 누가 뭐래도 성공한 삶이라고 치부하고 고생되고 힘들다고 하면 알면서도 못 들은 척했는데….

쓰러지기 얼마 전 전화가 와서 조금 있으면 옥수수랑 감자 먹을 때가 되었다고 했다. 남편은 부산에다 떼어 놓고 올 테니 여러 사람 알리지 말고 단출하게 만나자고 했다. 토담 방에서 해 묵혀 쌓아두었던 많은 이야기를 올올이 다 풀어 날려 버리고 그 자리에서 이제는 어떻게 가야 할 것인가를 담아 보자고 웃으면서 약속했는데….

부산에 살면서 거창까지 가서 가족 돌보랴, 농사일 돌보랴, 종갓집 며느리의 역할이 늘 힘들었을 거야. 언제 한번 조용한 시간을 가져 보지도 못한 채 늘 부산한 일상이란 걸 다른 형제들을 통해서 알고 있었어. 자식이 많으면 행복도 넘치지만 일손 또한 만만치 않다는 것은 다 아는 일 아니겠나.

물론 내가 알지 못할 더 큰 행복과 보람도 있겠지만 너와 나의 약속은 한없이 안타깝구나. 여름에 한 번 겨울에 한 번 하던 모임을 이번에는 너무 춥지 않은 초겨울쯤 만나 흑염소로 몸보신하자던 약속을 내 머릿속에서만 맴돌게 해놓고 이렇게 허망하게…. 오늘 네가 먼 길 떠났다는 소식을 듣고 아무리 생각해도 어이없고 믿어지지 않는구나. 뭐가 그리도 바빠서, 야속한 사람아!

생전에 자식 자랑 또 자식의 성공 뒤에 기뻐하던 너의 모습을 빈소에서도 찾아볼 수가 없으니 사자(死者)는 말이 없다고 했던가. 생전에 네가 원하던 대로 되지 않았더라도 너무 안타까워하지 말자. 우리 모두 세상에 태어날 때 어머니의 심부름으로 왔다가 그 의무가 끝나면 다시 어머니께로 돌아간다고 하지 않던가. 그래서 우리는 갈 곳이 있잖아.

한 줌의 재를 남기고 돌아가는 길에 미련은 두지 말자. 인생은 '나그넷길'이라는 유행가를 우리 같이 부르지 않았던가.

안녕! 내 사촌, 내 친구야.

대장장이의 자부심

　쇳덩이가 벌겋게 달아올랐다. 잘 익은 쇳덩이를 형제가 마주 보고 서서 한참을 두드리다 또다시 활활 타오르는 석탄불 속에 밀어 넣는다. 이렇게 여러 번을 반복해야만 달군 쇳덩이는 망치질을 못 이겨 대장장이가 원하는 모양으로 형태를 바꾼다.
　단단한 쇠와 불을 다루기 때문에 크고 작은 사고가 따르고 사계절 내내 옷이 다 젖도록 땀을 흘려야만 하는 것이 대장간 일이다. 반질반질하고 화려한 것만 찾는 이 시대에 낡고 허름한 대장간이 형제에게 각별한 이유가 있다. 평생을 바쳐 담금질하고 망치질했던 아버지의 혼이 이곳에서 숨 쉬고 있기에 아들에게는 속죄의 공간이기도 하다.
　대장간 곳곳에는 아버지의 땀이 배어있는 오래된 물건들이 있다. 그중에도 가슴이 아려올 만큼 눈길을 끄는 것은 녹슨 다리 네 개의 철제 의자다. 등받이가 떨어져 나가고 앉을 자리가

다 망가진 낡은 의자지만 포장용 테이프로 꽁꽁 감아두었다. 대장간에서 번듯한 의자 하나 만들기란 쉬운 일이 아니겠는가. 그래도 아들은 고집한다. 아버지의 뜨끈한 열기와 찌든 땀이 배어있기에 오늘도 대장장이는 그 자리에 앉아 쇠를 굽고 두드린다.

한창 공부해야 하는 청소년 시절 말썽만 피운 아들은 아버지의 건강이 나빠지자 대장간 일을 돕게 되었다. 꼼꼼하고 인내가 필요한 대장일이 의외로 적성에 맞는다는 것을 스스로 깨닫게 되면서 그는 본격적인 대장장이가 되었다.

어머니는 아들이 아버지의 일을 물려받는 것을 탐탁지 않게 생각했다. 평생 땀에 젖은 남편의 모습을 봐왔던 어머니가 아닌가. 아들만은 깨끗한 옷을 입고 반듯한 직장에 다니길 원했다.

대장장이 아버지를 보면서 배운 것은 돈이 먼저가 아니었다. 돈이 되는 물건보다는 자신만의 철학을 녹여 튼튼하고 편리한 농기구를 만드셨던 아버지의 정신을 이어받아 백 년 역사의 대장간을 이어가리라 다짐한다.

아버지의 기술과 자부심으로 만든 괭이, 삽, 호미 등 여러 가지 농기구들은 입소문을 타고 수많은 단골손님의 발걸음을 사로잡은 대장간으로 성장했다. 농기구뿐만 아니라 요리할 때 꼭 필요한 것이 칼이다. 마트에 가면 멋진 모양의 스테인리스 칼이 수없이 많다. 그런 칼보다 이곳에서는 특별한 제작 과정을 거쳐 수제 칼로 태어난다. 장인의 손으로 만든 칼은 아는 사람만 찾게 되는 명품이다.

알아준다는 독일제 쌍둥이 형제 칼을 갖고 싶었던 나는 기회가 생겨 아들과 함께 꼼꼼하게 칼날을 만져보고 디자인도 마음에 들어 샀다. 칼이 없어 요리를 못 했던 것처럼 의기양양하게 칼질을 하고 나니 내 처지에서 꼭 있어야 할 것이 없다. 현대 요리사들은 날이 넓고 네모진 칼로 식자재를 썰고 도마 위의 마늘을 내리쳐 단숨에 다진다. 그러나 목제 칼자루 뒤로 마늘을 찧어 쓰던 나는 불편함을 알고 그 칼은 뒤로 밀려나게 되었다. 다시 쓰던 칼을 찾게 되었다. 칼자루로 마늘을 찧을 수 있는 무쇠 칼은 내가 아끼는 주방 기구다.

잘 고른 칼 한 자루가 소중하듯이 장인이 특별한 칼에 도전했다. 다마스쿠스 칼은 강철과 연철 두 가지를 석탄불에 넣어 벌겋게 달군 뒤 붙인다. 쇳덩이를 접어서 두드리고 식으면 다시 벌겋게 달군다. 달군 쇠를 접는 모양이 내가 옷감을 접듯이 쉬워 보였다. 이렇게 하기를 여러 번 반복하여 두드리면 두 가지 쇠가 섞여 나이테 같은 무늬가 생긴다. 곧 수려한 다마스쿠스 칼로 태어난다. 수없이 실패를 거듭하고서야 물결무늬가 선명하게 새겨진 칼을 보고 장인은 비로소 미소를 짓는다.

삼대를 이은 대장장이 형제는 한결같은 모습으로 한 곳을 향해 걸었던 아버지처럼 쉬어가는 법도 요령을 피우는 법도 없이 묵묵히 일해 나간다. 아들들 또한 대장일에 관심을 보여 대장간 사대로 이어질 것이다. 지금 대학생인 젊은이가 이렇게 땀

흘리는 일을 선택하기까지는 정직하고 부지런한 부모님의 삶을 보았기 때문이리라.

다마스쿠스 칼을 만들게 된 동기도 인터넷을 잘하는 아들이 아버지께 권했다는 것이다. 경험이 풍부한 장인과 글로벌 신세대가 만나면 세상에서 가장 앞장서는 대장간이 될 것으로 생각된다. 이제까지의 선대 장인이 우직하고 정직한 기술을 고집했다면 신세대 장인이 나아갈 길은 농기구뿐만 아니라 아직도 개발하지 못한 섬세한 기술을 바탕으로 한 정밀 부품을 재현하는 일이다.

포스코에서 생산한 강한 쇠의 기운을 받아 대한민국 모든 국민이 쇠처럼 강하고 탄탄한 민족이기를 기대해 본다.

시래기 맛

　늦가을 친구 집을 찾았다. 이 친구는 가까운 곳에서 정기 모임 때마다 만났었는데 이런저런 사정으로 지방으로 내려가 전원생활을 하고 있었다. 거리가 멀다 보니 자주 만나지 못하게 되었다.
　처음에 이사한다고 했을 때는 우리가 찾아갈 곳이 있어 좋다고 부추겼다. 그러나 그것이 마음과 뜻대로 되지 않았다. 친구들이 아직도 가족들의 눈치를 봐야 하는 것은 아내이자 할머니로 의무를 다하기 때문이다.
　친구 집에는 감, 매실, 대추나무가 집을 보호하듯이 둘러서 있었다. 널찍하게 펼쳐진 앞마당은 한눈에 보기에도 입맛이 당기는 채소들로 가득했다. 상추, 쑥갓은 물론 여러 가지 약초들이 있어서 친구들은 이름부터 물어보며 호기심을 보였다.
　생강으로 유명한 곳이라서 친구네 생강도 댓잎처럼 푸른빛이 선명했다. 감나무는 주인의 손길을 기다리다가 홍시가 다 된 것을 매달고 있었다. 친구들은 나이도 잊은 채 동심이 되어 감을 따려고 장대를 들고 안간힘을 쓰기도 했다.

알밤 줍기는 이미 늦었건만 하나라도 더 주울까 허리 아픈 것도 잊고 일어날 줄을 몰랐다. 이 친구들은 어릴 적 농촌 생활을 해봤기에 버려진 듯한 호박 하나도 다 귀하고 소중한 먹을거리로 생각했다. 서리가 오기 전 고춧잎도 따야 하고 채 익지 않은 풋고추도 남김없이 따려고 농심을 불태웠다.

친구들의 주전부리로 준비해둔 대추도 쭈글쭈글 말라가고 미리 따놓은 감도 투명한 색을 띠고 있었다. 시장에서 산 빛깔 좋은 과일보다 더 정겨움이 묻어난다.

때맞추어 씨를 뿌리고 정성 들여 가꾼 친구 부부의 노력이 듬뿍 배어있는 채소들을 바구니에 가득 뜯어 씻으면서 잘 가꾸었다고 칭찬했다. 한참 부산을 떨다가 뜨끈뜨끈한 황토방에 입성했다.

나무 때는 보일러가 있어 굵은 통나무를 넣으면 방안은 저절로 찜질방이 되었다. 나무 타는 향기가 가득한 천연 황토방이 되었다. 복잡한 도시에서 온 친구들은 저절로 몸이 치유되는 듯 행복하다고 했다. 요즘 재미있는 말로 '별장을 사지 말고 별장 있는 친구가 있으면 좋다'는 말이 실감 났다.

처음 이사하게 된 동기는 열심히 살아왔던 남편의 건강에 적신호가 왔다는 병원의 반갑잖은 소식 때문이었다고 했다. 이사한 지 일 년이 지나고 나니 건강도 다소 좋아졌다고 한다. 매일같이 주인의 손길을 기다리는 일감들이 너도나도 불러대니 아픔도 잊은 것 같다며 친구가 귀띔해 주었다.

친구들이 온다고 남편에게 말했더니 멀지 않은 곳에 있는 형제들 집으로 피신을 하면서 마음껏 놀다 가라는 말을 남기셨단다. 우리가 방안 가득 누워있으니 주인은 마음이 바쁜가 보다. 저녁 준비하러 가는 친구 뒤에다 대고 "아무것도 하지 마. 우리는 안 먹어도 이런 천국이 따로 없어."라고 떠들었다. 주인은 이런 상황에 같이 누워있을 마음의 여유가 없을 것이다. 잰걸음으로 나갔던 친구는 얼마 지나지도 않아 식사하자고 불렀다. 저녁밥은 먹지 않아도 된다고 떠들어 대던 친구들은 구수한 냄새에 끌리듯 줄줄이 식탁 앞으로 나왔다.

한 상 가득 차려놓은 가운데 그날의 메인 요리는 시래기찜이었다. 싱싱한 생새우를 듬뿍 넣고 자작하게 찜을 한 시래기를 접시 위에 담고 통깨를 넉넉하게 뿌려 맛깔스럽게 했다. 정성들여 준비한 다른 반찬을 친구삼아 시래기찜 한 접시를 뚝딱 해치웠다. 더운밥에 긴 무청을 얹어 먹으며 이야기하는 재미는 음식을 더욱 맛깔스럽게 했다.

나이가 지긋한 사람치고 이런 음식을 좋아하지 않는 사람은 별로 없을 것이다. 시래기를 넣은 음식은 다양하다 시래기밥에 구수한 된장국도 그만이다. 가을 햇빛을 보면서 비타민C와 D가 많이 들어가기 때문에 겨울 비타민 보충에도 좋다고 했다.

가난했던 시절부터 먹었던 서민의 애환이 담긴 맛. 그들의 마음마저 따뜻하게 채워주었던 무시래기 된장국이 아닌가. 이 밖에도 칼슘, 나트륨 미네랄이 풍부해서 골다공증에도 탁월한 효능이 있다. 잎만 수확하는 부청 품종을 심는 농가가 많고 잘 건조된 시래기는 택배로도 배달되니 구매하기 편리하다.

친구들은 밭에 있는 채소들을 뜯어서 나름대로 짐을 챙겼다. 철지나 찾아올 친구들을 위해 알밤을 준비해 두었던 주인은 친구 수대로 담은 밤 봉지를 내놓았다. 그 속에는 알밤보다 더 알차고 달착지근한 친구의 우정이 들어있었다.

늦은 나이에 운전대를 잡고 벌벌 떨면서 면허증을 딸 수 있었던 것은 순전히 남편의 덕이었다고 했다. 그 사랑은 젊은 시절 상큼한 사랑도 아니고 중년의 의무적인 사랑도 아니다. 노년에 먹어도 질리지 않는 구수한 시래기 같은 사랑의 힘이리라. 운전하다가도 그만둘 늦은 나이에 꼭 면허증을 따야겠다고 단단히 마음먹고 나섰다. 혼자 보내기가 마음 놓이지 않았던 남편은 옆 좌석에 동행했다. 오죽 애가 탔으면 남편의 입술이 그랬을까.

"야, 우리 남편 입술이 다 부러텄시야."

정말 이들 부부가 부럽기도 했다.

무시래기는 그늘에서 바람에 말려야 한다. 볕에 빨리 말리면 색이 바라고 질겨서 먹기가 곤란하다. 시래기로 조리할 때는 껍질을 벗기면 부드럽고 맛이 좋다. 비나 눈을 맞아도 안 된다. 오로지 바람에 말려야 한다. 그렇게 삼동을 지내고 이듬해 정월 보름에 먹어야 제 맛이다. 우리네 인생이 또한 시래기 맛 같은 것이 아닌가.

 부부가 둥지를 튼 이곳에서 무시래기 같은 구수하고도 건강한 삶을 오래도록 영위할 수 있도록 마음으로나마 행복을 빌어본다.

효심

 설 연휴라 한가하게 텔레비전을 보고 있었다. 치렁치렁한 은발과 산신령 같은 수염에 약간 마른 듯한 체구의 남자와 백발의 할머니가 오늘의 주인공이다. 언뜻 볼 때는 노부부인가 했는데 치매 어머니를 모시는 효자 아들이라고 한다.
 다음 장면에서는 흰머리 사이로 육십 대 사내의 모습이 보인다. 어머니는 밭에서 일하다 넘어져 뇌출혈이 왔다고 한다. 그러다 불행하게도 치매까지 왔단다. 이제는 말하는 것과 기억력까지 모두 잃어버렸다. 아들은 그런 노모를 모시기 위해 하루의 일과를 고스란히 바친다.
 오랫동안 힘들게 투병 생활을 함께해 오면서도 그는 어머니가 살아계셔서 감사하다는 말을 입버릇처럼 한다. 과일과 채소를 넣어 탕을 끓인다. 처음에는 무슨 음식이 저럴까 했는데, 치아가 부실한 어머니를 위해 무른 음식을 만든다는 것을 알고 나니 가슴이 찡해온다. 진심 어린 효와 마지못해서 하는 자식의 행동은 금방 눈에 띄게 마련이다. 시청자의 관점에서 아들의 효심에 반응이 없는 어머니가 안타깝다. 하지만 따뜻한 효심이 가슴으로 느껴져 하루하루를 견디는 듯하다.

그런 효자 아버지를 닮아 손자들도 일주일에 한 번은 할머니를 뵈러 온다. 효자는 효자를 낳는다는 말이 실감난다. 손자는 대야에 따뜻한 물을 담아 할머니의 두 발을 잠그고 정성스레 마사지해준다. 기분이 좋으냐고 물어도 아무런 표정도, 대답도 없는 할머니.

손자는 지난날 할머니에게 받은 큰 사랑을 잊지 못해 주체할 수 없는 눈물을 닦으며 엉엉 소리 내어 운다. 텔레비전을 보던 나도 따라 운다. 나이가 알려주는 신호인가. 자식들의 마음을 헤아리다 보니 그런가.

"사랑하면 슬퍼집니다. 슬프지 않는 사랑은 사랑이 아닙니다. 우리 어머니들은 자식을 사랑하기 때문에, 더 못 줘서, 더 같이 못 있어서 슬픈 거에요."

나태주 시인은 한 인터뷰에서 이렇게 말했다. 젊은 시절에는 다른 사람의 슬픔을 봐도 메마른 눈물 때문에 민망할 때가 있었다. 마음으로는 이해하고 가슴이 짠해도 함께하지 못하는 사람 같아서 자리를 피하고 싶을 때도 있었다. 우러나는 감정이라는 것은 나이가 가르쳐주는 것을….

부모와 자식의 처지가 바뀌었을 뿐 보는 사람에게는 그저 감동일 뿐이다. 손자들은 할머니와의 지난날을 잊을 수가 없단다. 할머니의 말 한마디만 들었으면 좋겠다고 입언저리를 어루만지며 눈을 맞추어도 묵묵부답이다. 일주일에 한 번씩 온다는 손자들은 다음 주에 또 오겠다는 말을 하고 떠난다.

늙은 아들의 효심은 보는 것만으로도 교육이다. 종일 있어도 대화 한마디 할 수 없는 어머니 옆에 앉아 혼자서 이야기를 한다. 밥 한 숟가락을 떠서 입안에 넣어주고 맛있느냐고 물어보고 뭐가 먹고 싶으냐고 물어보며 눈을 맞추어 봐도 대답 없는 그 마음이 안타깝다. 부모와 자식 간에 연을 두고 있는 사람이라면 저절로 눈물이 흐른다. 그렇게라도 어머니와 함께하는 시간이 오래가기를 바라는 진심 어린 효자다.

이런 효심을 보고 있으니 몇 년 전 남편이 갑작스럽게 병을 얻어 병원 생활을 하게 되었을 때다. 둘이 살다가 한 사람이 병이 나면 꼼짝없이 같이 병원에 갇히는 신세가 된다. 어려움을 당하고 보니 아들 생각이 났지만 먼 나라에 살고 있으니 마음뿐이었다.

그러던 참에 아버지의 소식을 들은 아들은 어려운 직장 일을 미루고 아버지를 뵈러 오겠다고 했다. 괜찮다고 거절했지만 그것은 진심이 아니라는 것은 단번에 알 수 있는 대화가 아니겠는가.

런던에서 온 효자는 아버지의 병환을 의사에게 듣고 환부에 손을 올려 정성껏 마사지했다. 그리고 아버지의 괴로움을 한마디도 놓치지 않고 들으면서 마음을 위로하고 곧 나을 수 있으니 걱정하지 말라고 마음을 안정시켰다. 병원에 있는 동안 담당 의사에게 들은 대로 태블릿 피시에 하나하나 기록해 두고 오늘 하루라도 병세가 달라지는가를 의사에게 질문했다. 길지 않은 20일 동안 아버지를 퇴원시켜 집에 모셔드리고 가겠다고 했다. 눈을 맞추며 약속하는 모습에 그간 내가 삼킨 눈물에 보상이라도 받는 듯 마음이 따듯했다.

계룡산의 효자와 런던 아들의 효는 달랐지만 부모를 대하는 지극한 정성만은 오래도록 가슴에 남아있다. 그냥 편하게 사는 것만 인생 공부가 아니라는 것도 배웠다. 서산에 뉘엿뉘엿 지는 해가 아름답기만 하더니 이렇게 시린 가슴일 줄이야. 나이가 알려주는 가르침이다.

어느 지인이 카톡을 보내면서 외롭고 서글픈 구절만 보내기에, '왜'라고 했는데 그분도 어느 날 갑자기 이런 마음이었던가 하고 쓸쓸한 웃음이 나왔다.

계룡산의 흰 수염 아들은 이 시대의 마지막 효자라고 한다. 마지막이라는 말에 무어라 설명할 수 없는 허한 바람이 지나간다.

취미생활

주말이면 딸네 집에 자주 간다. 그간 밀렸던 이야기도 하고 늘 바쁘게 사는 딸을 도와주기 위해서다. 처음에는 어려웠던 사위도 세월이 흐르고 아이들도 크다 보니 점점 편한 사이가 되어 간다. 그러다 보니 별생각 없이 편안한 차림으로 나서게 된다.

또 그곳에 갈 때는 큰 가방을 메고 다닌다. 내가 사는 이곳에는 마트가 멀어서 불편할 때가 있다. 그래서 그날도 짐이 있었다. 집으로 돌아가려고 준비하고 있는데 딸이 차 한 잔을 마시러 가는데 같이 가자고 했다.

거기가 어디냐고 하니 세계적인 인기그룹 방탄소년단의 팬들이 그들을 위해 마련한 찻집이라고 했다. 양손에 든 짐 때문에 싫다고 했다. 아직은 딸과 함께 나서는 길에는 이런 차림으로는 마음이 내키지 않아서다. 다음에 가겠다고 했더니 그곳에는 젊은 사람들과 학생들이 대부분이라서 누가 어떻게 하고 오던 관심이 없단다.

그렇다면 젊은 분위기를 느껴보고 싶은 마음에 동행했다. 입구에는 대문짝만한 현수막이 바람에 펄럭이고 있었다. 안으로 들어서니 유명세를 누리는 가수의 사진이 전시되어 있었다. 두서너 명씩, 혹은 혼자 온 젊은이들은 누가 들어오든 상관없이 음악을 감상하고 차를 마시며 남에게는 별다른 눈길도 주지 않았다. 어색했던 나도 짐을 내려놓고 앉으니 금방 마음이 편해졌다. 커피를 주문하고 지금 나오는 음악은 누구의 무슨 노래라고 딸이 일러주어도 아는 게 없다. 그저 찻값은 해야 하니 듣는 척했다.

내 마음은 지금 뜨고 있는 미스터 트로트라면 오랫동안 앉아 있을 것 같다는 생각이 들었다. 그래도 기왕 왔으니 없는 관심을 모아 딸의 분위기에 맞추어 본다. 전시된 사진 앞에서 포즈를 취하라고 하고 휴대폰으로 셔터를 눌러댄다. 그러다 보니 나도 어느새 젊어진 기분이다.

이런 곳을 찾아 나선 팬들이 몇 명씩 몰려 들어온다. 전시장을 돌아보고 기념사진을 찍는다. 커피를 주문하더니 안 마시고 그냥 가기에 왜 빨리 가느냐고 물었다. 여러 곳으로 찾아다니기 때문에 차를 다 마실 수가 없어서 포장용을 사서 그냥 간다고 했다. 커피를 한잔 사면 가수의 멋진 사진 다섯 장을 주고 커피잔의 손잡이에도 행복을 주듯 웃고 있는 가수의 사진을 받기 위해서란다. 하루에 몇 곳을 가는지는 몰라도 차 한 잔 값이 오천 원이면 취미생활도 만만찮다고 내 기준대로 말을 했더니 딸이 요즘은 다 그렇다고 했다. 참 젊어서 좋고 이 정도의 취미로 활력소가 생긴다면 내일을 위하여 잘하는 일이라고 같은 마음이 돼 주었다.

딸도 어느덧 내가 모르는 사이 중년이 되었다. 그러나 아직은 에너지가 넘치는 이십 대 가수들의 열렬한 팬이다. 그들의 공연이 있는 곳이면 일의 기회를 만들어서라도 외국도 불사할 만큼 좋아하고 잘 보이는 곳에 그들의 사진을 예쁘게 전시해 두고 즐기는 딸을 응원한다.

그랬으면 내가 흠뻑 빠져있는 트로트 가수도 관심을 가지고 대화를 이어갈 수 있으면 좋으련만, 영 관심이 없다. 딸과 이런 시시한 취미로 이견이 있다는 것이 바람직하지 않기에 내가 마음을 접는다.

자신이 정말 즐길 수 있는 취미 하나면 살아가는데 활력소가 된다. 다른 사람의 취미를 이해할 수 있는 것은 나 또한 취미가 있기 때문이다. 기분이 썩 맑지 않을 때 내가 좋아하는 노래를 불러주고 표현하지 못하는 부분을 건드려주면 대리만족으로 그 가수를 좋아하고 팬이 된다.

어느 분이 말씀하시기를 예로부터 조선인은 한과 흥을 타고 났다고 했다. 아무리 강직한 어른이라도 멍석을 깔아주면 한껏 놀 수 있는 신명의 잠재력을 지니고 태어났다고 했다. 나는 절대 그렇게 노는 문화는 싫다고 하던 사람도 한잔 술이나 친한 친구와 마음이 통하면 저 친구가 저런 면도 있었나 싶게 변한 모습도 볼 수 있다.

요즘 뜨고 있는 트로트 가수들의 긴 무명시절을 이야기할 때는 아낌없는 성원과 함께 응원하고 싶은 말, '꽃길만 걸으세요'라고. 하지만 내가 가장 응원하고 싶은 사람은 바로 딸이다.

내가 살아온 날을 돌아보기 전에 딸을 둘러싸고 있는 아이들이 먼저 보인다. 이 아이들의 키가 저의 부모보다도 크다. 머지않아 혼주석에 앉아있을 딸의 얼굴이 떠오르며 가슴이 뭉클하다.

이렇게 세월이 흘러가면 친구 같았던 우리 모녀도 대화의 소리가 점점 높아지게 될 것이다. 엄마인 내가 자꾸만 되묻게 될까 봐 걱정이다. 그때도 트로트 가수를 좋아할 수 있을까.

사실 노후의 취미는 힘에 맞는 것을 좋아하다 보니 젊어서부터 관심이 많던 화분이다. 화려한 꽃이 많아서도 아니다. 보잘 것없는 작은 생명에게 애착이 갈 때 문득 내가 어렸을 적 어머니가 생각난다.

아침이면 어머니는 조리개에 물을 가득 채워 화분마다 정성껏 물을 주셨다. 내가 보기에는 예쁘지도 않고 그렇다고 꽃이 풍성하게 많은 것도 아닌데 그런 꽃을 보살피는 어머니의 마음을 헤아리지 못했다. 그래도 어머니는 늘 미소를 보이는 편안한 표정이셨다.

어느 날 아파트 나무 아래 누가 버렸는지 누런 떡잎이 진 꽃나무 화분이 놓여 있었다. 꽃이 예뻐서가 아니라 주인으로부터 버림받은 것이 측은지심이 들어 안고 왔다. 잘 돌보면 다시 살아날 것 같기도 했다.

요즘 방학이라 학교 가는 날이 적은 대학생 손녀가 와서 활력소가 되고 있다. 내가 옛날 어머니를 보면서 생각했던 것과 같이 "할머니, 예쁘지도 않은 것을 왜 가져 왔어요." 하고 묻는다. 그냥 가여워서 안고 왔다고 하니 웃는다.

버려진 꽃이 가여운 것은 나이가 들었다는 증거이고 자신을 돌아보는 마음이 아니겠는가. 더 세월이 흐른 뒤 딸의 취미는 이런 가여운 꽃을 보기보다는 지금처럼 늘 젊음을 잃지 않았으면 좋겠다. 아들딸과 친구처럼 지내며 K팝을 좋아하고 신명 나는 노후가 되었으면 하는 바람이다.

한문에 약한 신세대

 하나뿐인 오빠는 귀한 존재였다. 한문책을 옆에 끼고 서당에 가는 뒷모습은 부럽기 그지없었다. 그 당시 한문은 남자만 배우는 특별한 공부인 줄 알았다. 서당에 다녀온 오빠가 큰소리로 한문을 읽을 때는 신의 소리처럼 들렸다. 문밖으로 흘러나오던 낭랑한 그 소리, 가락에 맞춰 흔들흔들하는 몸짓은 더 없는 선비의 위엄이었다. 그때 가장 먼저 들은 소리는 '하늘 천(天) 따지(地)'였다.
 그렇게 배우고 싶어도 기회가 없었던 한문을 초등학교 사학년쯤에 배우게 되었다. 국어책에서 '대한민국(大韓民國) 군인(軍人)'을 배워 오빠에게 자랑했던 기억이 난다.
 요즘은 대학을 나와도 한문에 약한 편이다. 아무래도 문과보다는 이과생들이 한문에 더 취약한 듯하다. 그런 예로 모 방송국에서 방영했던 '스카이캐슬'이라는 연속극이 있었다. 대한민국의 상위 0.1 퍼센트가 모여 사는 사회로 설정된 드라마의 줄거리다. 방영하자 시청률도 높았던 것으로 알려졌지만 결과는 막장으로 평가하는 시청자들도 있었다.

그 상위권의 한 사람으로 아버지는 S대 의대 출신으로 유명한 병원 원장이었고 아들 역시 S대 의대를 나왔다. 학력고사 전국 1위라는 묵직한 타이틀을 가진 인재였다.

하루는 젊은 의사가 근무하는 병원장과 여주에 있는 신륵사에 갈 기회가 생겼다. 신륵사에는 한글로 된 절 이름은 없고 한자로 '神勒寺'라고 적혀 있었다.

그때 원장이 의사를 보고 한문을 읽어보라고 했다. 그는 어디서 준비했는지 한문으로만 된 절의 설명서를 가지고 있었지만 읽기가 어려웠다. '사찰(寺刹)'이라는 한문을 '사살'이라고 읽으니 원장은 글자를 보지도 않고 "이그 사찰이겠지."라고 했다.

"자네는 학력고사 전국 일등이라면서 그것도 모르나?"고 하니 의사가 "저희 때는 시험 문제에 한문이 나오지 않았어요."라며 혼자서 불편한 심기를 보이며 구시렁거렸다.

돌아오는 길에 상가에 문상가게 되었다. 그곳에서 아는 사람을 만났다. 이 사람은 이웃에 살면서 자존심 대결의 상대인 검사였다. 자연스럽게 합석을 했다. 어디를 다녀오느냐고 반갑게 인사를 했다. 그때 원장이 의사를 보고 "우리가 다녀온 곳이 어디지?" 하고 넌지시 물었다. 갑자기 질문을 받은 의사가 난처한 얼굴을 하다가 적어놓은 한자를 살그머니 꺼내어 상아래서 보고는 "마천 신혁사요."

여주(驪州)를 마천(馬川)으로, 신륵사(神勒寺)를 신혁사(神革寺)로 읽는 것이다. 이를 지켜보던 검사가 속으로 쾌재를 부르며 "아, 지금 돌아가신 분께서도 여주에 있는 신륵사를 참 좋아하셨지요."라고 하니 원장이 허탈한 웃음을 웃으면서 "아 그렇지요. 여주에 있는 신륵사." 하면서 껄껄 웃었다. 의사는 한문에 무식한 자신을 깨닫게 되었다. 평소에 너무 잘난 척했던 의사가 한자에 약하다는 것을 알고 있었던 검사였다. 약점을 잡아 골탕 먹이기 위해 한자도 미리 준비해서 의사의 손에 들어가게 한 검사의 각본이었다.

신륵사는 신라 진평왕 때 원효대사가 창건했다고는 하나 확실한 기록은 없다. 이 절에 얽힌 전설이 있다. 강 건넛마을에 용마가 나타났다. 너무 사나워 사람의 힘으로는 도저히 저지할 수가 없었다. 그러자 인당스님이 불력을 빌어 용마를 옭아매니 곧 순한 말로 변했다. 그래서 말고삐 륵(勒)자를 써서 신륵사라 했다고 한다.

내게 있어서 한문은 처음 배울 때나 지금이나 어렵다. 그렇지만 뜻글자라서 없어서는 안 될 꼭 필요한 학문이다.

요즘은 텔레비전 프로그램에서 스포츠 스타들이 기존의 연예인보다 더 잘 나간다. 이들을 위해 만든 스포츠 골든 벨이라는 프로그램을 보게 되었다. 한자는 물론이고 사자성어나 속담을 풀 때는 부족함이 많이 보였다. 그러나 웃음으로 넘길 수 있었던 것은, 그들의 정상을 참작해서이다. 다른 사람이 교실에서 공부할 때 그들은 연습실이나 운동장에서 얼마나 많은 피땀을 흘려 국민에게 기쁨을 주었던가. 대한민국의 위상과 자부심을 높여준 자랑스러운 젊은이들이 아닌가.

비록 여주 신륵사를 마천 신혁사로 읽었지만 이들이 검사들과 같이 문과 공부만 파고들었다면 갖가지 질병으로 어려움을 겪는 환자들을 누가 돌볼까. 누구나 의사 앞에 서면 "선생님 감사합니다."라는 말을 하게 되는데 이들을 한문에 약하다고 무시할 수 있을까. 사람은 주어진 분야에서 열심히 노력하는 것이 애국이라는 생각이 든다. 어릴 때부터 한문이 아쉬웠던 내가 공감하는 장면이 있어서 다시 한 번 되짚어보는 계기가 되었다.

실버바리스타

'이번 겨울 중 눈이 가장 많이 오는 날에 에소미오에서 만납시다.'

이런 멋진 메시지가 전화기에 날아들었다. 에소미오는 '나의 에스프레소'라는 뜻의 카페 이름이다. 커피의 맛을 잘 모르면서도 기회가 되거나 한가한 시간이면 커피 물을 끓이곤 한다. 일회용 커피보다 좀 더 맛있는 커피를 맛보기 위해서 커피 기술을 배우고 싶던 차에 기회가 온 것이다

무더위가 기승을 부리던 지난여름, 처음 대하는 커피 용어를 외우고 기계 이름을 하나하나 줄을 그어가면서 공부했다. 시험지를 받아본 지 오랜만이었기에 잔뜩 긴장하고 옆 사람이 먼저 끝내고 나갈까봐 눈치를 보면서 공유했던 사람들이다.

자격증을 따기 위해서는 커피의 생산지며 수많은 커피의 종류도 알아야 하고 커피콩의 모양을 보고 원산지도 알아야 한

다. 처음 대하는 기계도 낯설지만 많은 공부를 해야 했다. 한 잔 커피라 해도 맛과 향은 물론 따뜻함과 크레마가 살아있어야 한다.

커피의 첫 발견은 아프리카 에티오피아 지역에 살던 '칼디'라는 양치기다. 그는 가뭄이 계속되자 평소 가지 않던 먼 곳까지 염소 떼를 몰고 갔다. 그런데 얼마 후 칼디는 한 무리의 염소들이 평소와는 달리 비정상적으로 흥분하고 신경질적인 반응을 보인다는 사실을 알았다. 그 염소들이 빨간 열매를 씹는 것을 보고 궁금하여 직접 먹어본 결과 춤출 것 같은 기분이 들었다. 이것이 인류가 처음으로 커피의 효능을 알게 된 순간이었다고 했다.

이곳과 인연을 맺게 된 것은 우연이 아니다. 바리스타 자격증 과정을 지도해주신 원장님이 운영하는 카페다. 여기서 실기시험을 치르기도 했고 서울시장님이 오셔서 자격증에 직접 사인해서 건네주신 곳이기도 하다.

이 사람들 중 재치 있고 민원에 밝은 사람이 서울시장님께 이런 실정을 직접 보여 드리고 싶어서 특별히 모셨다. 이런 열정적인 사람들이 많다는 현실에 고개를 끄덕이고 일자리에 관심을 두겠다고 했지만 쉬운 일은 아니었다. 자격증 공부를 하는 동안 몇 명씩 자리 배치가 되면서 그룹이 된 사람들이다. 막연하게 눈이 많이 오는 날이라고 했기에 더욱 할 말이 많았다. 올겨울에는 아직 눈이 인색하다. 그래서 아마도 눈을 기다리는 마음에 이런 글을 올렸지 싶다. 연이어 '카톡'을 알리는 소리가 자꾸만 전화기를 열어보게 했다.

'아이, 실버바리스타들 멋져.'

'역시 멋쟁이시군요.'

'언제 눈이 올까.'

각자 감정이 요동치는 대로 댓글을 올렸다.

'밤사이 함박눈이 내리게 해주세요.'

기도하겠다고 어린아이처럼 들뜬 이들은 국가가 인정하는 실버바리스타들이다.

그 사이에도 어느 한 친구가 삶이 헛헛하다고 마음을 보이면 바로 온정의 물결로 전화기에 열이 났다. 만난 지 오랜 세월이 흐른 것도 아니다. 지난해 여름 실버바리스타 자격증을 따면서 취미가 같다는 인연으로 누가 먼저랄 것도 없이 자연스레 모임을 하게 되었다.

옷은 새 옷이 좋고 사람은 오래된 사람이 좋다고 했다. 그러나 세월이 흐르다 보니 젊은 시절은 별것 아닌 자존심으로 서로를 이해하는 시간이 걸리기도 했지만 이제는 마음이 통하면 쉽게 친해질 수가 있어 좋다.

그때 딴 바리스타 자격증은 비록 옷장 바닥에 깔려있지만 이런 인연으로 만난 삶이 한자리를 차지했다. 처음에는 커피 타는 기술을 배워 내가 좋아하는 사람에게 나만의 특별한 커피를 대접하고 싶다는 포부도 밝힌 일이 있었다. 그러나 커피를 뽑을 수 있는 기계는 개인이 소유하기에는 어렵다는 것을 알았다. 실버바리스타 자격증으로 취업해서 즐겁게 일하는 사람도 더러 있지만 일자리도 많지 않고 그저 재미 삼아 하는 사람이 대다수다.

에소미오에 가면 커피만 주문해도 맛있는 머핀과 그에 어울리는 주스가 나온다. 원장님의 배려가 훈훈한 분위기를 만든다. 그 모임에는 청일점 한 분이 있는데 세상을 두루두루 겪은 마음이 넉넉한 분이시다. 질문할 일이 있거나 힘든 일이 있으면 거뜬히 해결해주고 분위기에 또한 잘 어울리는 멋쟁이시다. 여사님이라고 불러도 다 웃고 넘어갈 준비가 되어있다. 노후에는 돈을 들고도 친구를 살 수가 없다고 하는데 귀한 인연이라고 여겼다.

해를 거듭할수록 믿고 의지하던 친구의 부재는 또 다른 외로움으로 마음을 허전하게 한다. '있을 때 잘해'라는 노랫말처럼 내 주변에 있는 사람은 다 소중하다. 젊어서 살아온 세월보다도 실버로 살아갈 날이 점점 더 길어지는 현실에 누구나 마음을 나눌 수 있는 친구가 있으면 좋다.

문학하는 사람은 펜을 들 힘만 있으면 내 마음을 글로 전할 수가 있다고 한다. 그런 노후의 삶을 살고 싶어서 글쓰기를 시작했지만 독자를 이해시키고 내 마음을 전한다는 것이 결코 쉬운 일이 아니기에 키보드 앞에서 좌절도 많이 했다. 그러나 무슨 일이든 만만한 일은 아무것도 없다. 비록 맛있는 커피를 끓일 기회는 오지 않아도 그 열정으로 맛있는 수필은 쓰고 싶다.

일기예보는 내일 많은 눈이 온다고 했는데 아침에 일어나니 햇살이 밝다. 창가에 서 있으니 눈이 부시다. 그래도 갑자기 하늘에서 눈이 펑펑 내린다면 에소미오로 달려갈 것이다. 아마 그들도 나와 같은 마음이 아닐까.

생강차를 끓이며

 창밖에 흔들리는 나무를 보면 저절로 한기가 든다. 기상청에서 발표하는 일기예보는 수은주가 뚝 떨어진 그림을 보여준다. 이럴 때는 얼른 주전자에 물을 붓고 생강차 끓일 준비를 한다. 주전자에 생강, 대추, 감초, 약도라지도 한 조각 넣는다. 물이 끓기 시작하면 알싸한 생강차 향이 집안 가득 퍼진다.
 생강차는 언제 마셔도 좋지만 가을이 지나고 찬바람이 불면 자주 찾게 된다. 가스레인지 위에서 끓고 있는 주전자를 보면 어린 시절이 생각난다. 얼어붙은 마음을 녹이는 데는 주전자만 한 것이 없다.
 그 옛날 주전자에 얽힌 잊지 못할 추억이 있기 때문이 아닐까. 겨울이라 학교에서 난로용 땔감을 가져오라고 했다. 아버지는 바쁜 일을 미루어두고 소잔등에 장작을 가득 싣고 학교까지 오셨다. 벌겋게 달아오른 난로 위에 큰 양은 주전자를 올려놓고 추위를 녹인 추억이 있다. 점심시간이면 우리는 난로 가에 옹기종기 앉아 도시락을 데워먹었다. 주전자의 뜨거운 물을 호호 불며 마시던 그 정겨운 교실을 잊을 수가 없다. 누런색 양은 주전자는 아버지의 막걸리 심부름 다닐 때부터 정이 들었다. 주전자를 들고 뛰다가 돌부리에 걸려 넘어져 찌그러졌다가도 돌멩이로 톡톡 두드리면 펴졌다. 주전자는 내 마음을 알아주는 듯했다.

요즘은 전자제품으로 물을 끓이고 약초를 달인다. 그렇지만 주전자에 대한 추억이 있기에 끓일 때 약초 향이 풍기는 주전자를 찾게 된다.

생강차를 즐겨 찾는 남편을 생각해서 햇생강을 수확하는 계절이면 떠오르는 곳이 있다. 전라북도 완주군 일대다. 그곳의 생강이 유명하다는 것도 친구가 이사해서 알려 주었다.

남편의 건강을 생각해서 그곳으로 내려간 친구는 생강 사랑에 푹 빠져있단다. 수확하기 전 생강 잎은 댓잎처럼 푸르고 힘차 보였다. 특히 봉동 일대에서 생산되는 생강은 조선시대 임금님 진상품이었다며 그곳 사람들의 자부심이 대단했다. 몸을 따뜻하게 해주고 면역력 강화에 좋으며 섬유질이 많다. 또한 과즙이 부드럽고 향이 깊다고 자랑했다. 생강을 저장할 수 있는 자연 동굴이 곳곳에 있으니 이 고장 사람들이 자랑할 만하다.

생강 덩이줄기(塊莖)와 녹색 줄기는 생선 비린 맛을 잡는데 최고라고 했다. 생강을 보내온 친구의 말대로 생강 줄기와 덩이줄기를 깨끗이 씻어 보관해 두고 필요할 때마다 사용하기에 버릴 게 없다.

그런 생강을 올해는 더운 여름부터 끓이기 시작했다. 온 세계가 두려움에 떨고 있는 코로나 예방에 좋다고 하니 정성 들여 끓이고 즐겨 마신다. 주전자가 쉴 틈이 없다.

주전자에 물을 끓이자면 반드시 긴장이 따른다. 주전자를 가스레인지 위에 올려두고 방심했다가는 태우기에 십상이다. 잠깐 사이에 물이 다 졸아들고 타는 냄새가 거실에 확 퍼진다. 냄새는 우리 집에만 나는 것이 아니라 위층까지 올라가기에 놀라서 가슴이 뛴다. 아파트에 거주한 분들은 알겠지만 음식 태우는 냄새는 이웃에 더 피해를 줄 수도 있기 때문이다.

그런 줄 알면서도 자칫 다른 생각을 하다가는 실수를 하게 된다. 아차 하고 뛰어갔을 때는 이미 물은 거의 없고 내용물들이 화상을 입을 뻔한 상태로 빨리 오라고 오도독 옹크리고 있다. 손잡이가 뜨겁다는 것도 잊고 급하게 잡다가 손을 데고 타는 냄새가 집안에 퍼지기 전에 주전자를 밖에다 내놓는다. 그럴 때는 불이 나지 않은 것만도 감사하며 다시는 이런 일이 없을 거로 생각한다. 그 생각은 잠깐이고 지나온 세월의 습성은 또 주전자를 만지작거리게 한다.

생강차를 마실 때는 런던에 있는 아들네 식구가 늘 마음에 걸린다. 세계적으로 코로나 뉴스의 강도가 높은 곳이 영국이다. 걱정하지 말라고 하지만 어찌 마음이 놓이겠는가. 마스크도 쓰지 않는 나라. 처음에는 마스크를 보내고 싶어도 규제가 엄격

해서 보내지도 못했다.

생강차를 많이 마시라고 전화를 하고 나면 그나마 위안이 된다. 이 말밖에 할 말이 없다. 며느리가 "걱정하지 마세요. 여기도 생강 많으니 잘 끓여 먹을게요." 영국의 생강은 조금 과장하면 사슴뿔만 하다며 웃는다.

그래도 한국 생강을 먹이고 싶어서 편강도 만들고 생강 청도 만들어 보냈다. 편강을 만들 때는 깨끗이 손질한 생강을 얇게 저며 설탕과 함께 졸인다. 생강편은 먹기도 하고 많이 만들었지만 생강 청 만드는 일은 처음이라 이리저리 정보를 얻었다. 생강을 믹서에 갈 때 배를 넣으면 과즙도 많고 음식 궁합이 잘 맞고 갈기가 부드러우니 더욱 좋다. 섬유질이 많으므로 반드시 물도 함께 넣어야 한다. 다른 과일 같지 않아서 갈기가 쉽지 않다. 곱게 간 생강을 베보자기에 싸서 꼭 짠다. 그렇게 여러 번 반복하면 물이 생기고 아래는 앙금이 가라앉는다. 앙금과 맑은 물을 불리해서 물을 냄비에 붓고 끓이면 갈색으로 변한다. 이렇게 약한 불로 천천히 졸이면 생강 조청이 된다.

정성을 들인 만큼 맛도 좋지만 번거롭기도 하다. 그러나 가족의 건강을 생각하고 만들어 밀폐된 병에다 보관해 두면 애쓴 만큼 자부심도 생긴다.

코로나에 맞설 별다른 대책이 없으니 요즈음 생강에라도 의존하고 싶다. 생강은 모든 음식에 들어가는 안전한 우리 식품이기에 마음 놓고 이웃에 권하고 싶다.

창덕궁, 손녀와 데이트

따르릉 전화벨이 울렸다. 전화기를 들어보니 손녀.
"이게 누구야?"
"할머니 오늘 시간 어때요."
"왜?"
"할머니하고 창덕궁에서 데이트하고 싶어서요."
 이런 반가울 수가 있나. 손녀와 소풍이라 김밥 생각은 났지만 고궁이라 먹을 수가 없으니 간단하게 과일만 준비해 나갔다.
 먼저 도착해서 조금 기다리고 있으니 저만치서 내가 기다리고 있는 예쁜 아가씨가 뛰어 온다. 그동안 공부하느라 한 번도 둘만의 데이트를 못했다며 할머니의 취향을 고려한 듯 예쁜 차림으로 나타났다. 어느 사이 이렇게 다 자랐나 싶다.
 세상에 나오기 전부터 외할미인 내 품에 안기기로 약속이 되어 있었다. 할머니가 아무리 애지중지한들 저의 엄마만 하랴만 그래도 힘이 드는 할머니의 입장을 알기나 하듯 무탈하게 잘 자라주었다.

어느 날 아기를 업으려다 손가락이 겹진 줄을 몰랐다. 갑자기 자지러지게 우는 바람에 놀라 병원으로 달려갔던 기억 외에는 어려움을 몰랐던가 싶다. 늘 방실방실 웃는 얼굴에 힘 드는 줄도 모르고 사랑으로 키운 내 손녀다.

유치원 다닐 때부터 길게 기른 머리는 아침마다 할머니의 솜씨를 뽐낼 수 있었다. 젊은 아기 엄마들이 날마다 다르고 예쁘게 땋아준 머리 모양을 물어오기도 했다. 전날 밤 샤워 후 다음 날을 위해 머리모양을 잡아두었다가 아침에 풀어서 묶으면 새로운 스타일에 머리 손질법이 된다. 등원 길에 새로운 모습으로 보내기 위해 애썼다. 유치원 교사들의 시선과 관심을 좀 더 받았으면 하는 할미의 마음이었다. 첫 손자 때보다는 이제 이력이 났는지 큰아이는 업고 둘째는 손을 잡고 다녀도 그저 즐겁기만 했다. 주어진 일은 감당하기 마련이란 말의 뜻을 새겨본다.

두 살 위 오빠를 닮아 학교 진학에도 걱정이 없었던 아이다. 무탈하게 잘 자라 주는 덕에 공은 할머니의 몫이다. '장마철에 오이 자라듯 한다'라는 말이 있듯이 어느덧 다 자란 손주들은 할머니의 도움을 받지 않아도 되지만 젊은 기운을 받고 싶어 일주일에 한번은 내가 아이들 집으로 간다. 이제는 할머니 앞에 재롱을 부릴 나이는 지났지만 그래도 새로운 모습의 인사법으로 반갑게 맞이 해준다. 내가 활짝 웃는 모습을 보고서야 제 방으로 들어간다.

그런데 오늘은 창덕궁에서 만나자고 했다. 같이 사진도 찍고 모르는 부분이 있으면 설명도 해주고 음료수 하나를 사도 지갑을 먼저 연다. 사진도 많이 찍었는데 예쁘지도 않는 할머니랑 사진 찍어서 뭐 하느냐고 하니 우리 할머니 같이 예쁜 할머니가 어디 있다고 하면서 팔짱을 낀다. 이것이 키운 정인가 싶다.

나이 또래 남녀가 정다운 모습으로 데이트하는 모습을 내가 쳐다보았다. 나는 할머니랑 같이 보낸 오늘이 오랫동안 추억이 될 것 같아서 좋았다며 활짝 웃는다.

창덕궁을 나와 집으로 돌아가야 하는데 가방을 열더니 오억짜리 봉투를 두 장 내민다. 첫 월급이라 액수는 얼마 안 되지만 앞으로는 봉투에 그림처럼 더 많이 드리도록 노력하겠다고 했다. 딸과 아들이 주는 용돈은 받아보았지만 손녀에게 용돈받기는 처음이다. 액수가 문제가 아니라 그 마음이 너무 예뻤다. 정성들여 고른 듯한 엽서에 쓴 편지내용은 '잘 먹여주고 재워주고 잘 길러주셔서 감사합니다. 덕분에 예쁘게 큰 하연이 드림.'

뭘 더 바라겠는가. 그동안에 약간 힘이 들 때도 있었지만 너희들에게 받은 즐거움을 어디에 비교할 수가 있겠는가. 잘 자라준 손자손녀 덕에 할머니의 발걸음은 늘 행복하기만 하단다.

행복을 주는 서인아

얼굴이 보이는 영상통화 신호음이 울린다. 전화를 받는 순간 화면 가득 눈시울이 붉어진 손녀가 보인다.

"할머니 너무 보고 싶어요." 한결같은 할머니 사랑이다.

오늘은 학교에 가서 무엇을 했으며 저녁은 다 같이 모여 이런 것을 먹었다고 이야기를 한다. 이제 자려다가 할머니가 보고 싶어서 전화를 한단다. 이 아이는 고등학교 2학년이다. 사춘기를 겪을 나이건만 늘 예쁜 모습만 보여준다.

한창 공부하기 바쁘고 학교에서도 하는 일이 많아 바쁘다는 소식을 듣는다.

언제 할머니가 보고 싶으랴마는 이런 말 한마디로 적적하게 사는 분위기를 기쁨으로 채워준다. 딸 하나 아들 하나를 두었지만 손자손녀가 여섯이다 보니 지인들이 손자 복 많은 할머니라 한다.

아이들 여섯이 하나같이 개성이 다르다. 그중에도 둘째 아이들이 이해심이 많아 보인다. 언니 오빠에게 양보하고 동생에게 베푸느라 그런지 유독 이해심이 많고 살가운 정이 있다.

영국에는 시차가 반대인 탓에 내가 아침식사 준비를 하다보면 그곳은 잠자기도 늦은 시간이다. 그래도 할머니의 아침잠을 설치게 될까봐 조금 더 기다리다가 전화를 한다.

늘 보고 싶다는 말로 살다가 언니 서영이와 여름방학을 맞아 한국에 왔다. 여기 있는 동안 꼭 가보고 싶은 곳을 생각하고 왔다. 청와대, 한옥마을과 고궁을 가보기로 했단다.

경복궁을 갔을 때도 한국 가이드의 뒤를 바짝 따라다니면서 열심히 듣는다. 어쩌다 모르는 말이 있으면 할머니한테 물어본다. 이렇게 고국의 말을 잊지 않으려고 노력하는 아이들이 고맙고 대견하다.

오늘은 할아버지가 한국에 왔으면 인사동 구경을 가야 한다고 제안했다. 점심으로 갈비탕을 먹으면서 맛있다며 엄지를 척 올린다. 할아버지가 오랫동안 기억에 남을 수 있는 선물을 사주겠다고 고르라고 했다. 한참을 고르는데 손녀들이 너무 신중해 보여서 마음에 드는 것이 없으면 양말이라도 사라고 했더니 애들이 깜짝 놀라면서 할아버지가 사주시는 것인데 양말 같은 소모품은 떨어지면 그만이란다. 그러다가 값이 적게 나가는 목걸이를 하나씩 목에 걸고 환하게 웃는다. 오래도록 할아버지를 생각하려면 이런 선물이 최고라고 했다. 이런 속 깊은 아이들이 있나. 양말을 권했던 나는 너희들에게 배운다며 애써 태연한 척했다.

　이 아이들은 그곳에서 태어났기 때문에 같이 살아보지를 못했다. 사실 정들 시간도 없었건만 이렇듯 예쁜 마음은 천륜이 아니면 누가 가르친다고 되는 것이 아니다. 부모가 잘 키웠다는 칭찬으로 끝냈지만 잔잔한 행복은 무엇으로 살 수 있겠는가. 전화를 할 때는 할아버지가 사주신 목걸이를 보여주기도 한다.

　자식을 많이 낳아 대접받는 세상이 올 줄은 그때는 몰랐다.

　내가 젊었던 시절에는 지식을 많이 낳고 싶어도 정부의 눈치를 봐야했다.

　거리에 나붙은 현수막은 산아제한이었다. '아들딸 구별 말고 둘만 낳아 기르자. 덮어놓고 낳다보면 거지 꼴 못 면한다.' 이런 시절에 살았으니 오히려 잘됐다. 그렇지 않아도 많이 키울 자신이 없었는데 저절로 말 잘 듣는 국민이 되었다.

　내가 살아생전 아니 우리 손자들이 어른이 된 훗날 또 다시 아이들 많이 낳아 정부에 걱정이 된다는 세상을 보게 될지. 얘들아 세상은 변해가는 거란다. 서인아, 변해가는 세상이지만 우리 사이는 변하지 말자.

5.
내 마음의 숲을 가꾸며

그리운 고향의 여름

"야야, 너무 늦게 오지 말고 일찍 나서그래이."

 수화기 너머로 들려오는 언니의 목소리엔 나무람 대신 그리움이 묻어난다. 서울에서 고향인 포항까지는 5시간, 일찍 나선다고는 하지만 멀리 떨어져 있는 탓에 늘 조바심이 난다. 한시라도 빨리 만나고 싶어 차 안에서 뛰고 싶은 마음을 억누르며 시계를 본다.

 1남 7녀 중 일곱 번째인 나는 형제가 많은 집에서 자랐다. 어릴 적부터 우애가 깊었지만 결혼한 후에는 전국 각지에 뿔뿔이 흩어져 있어도 매년 여름이면 친형제에 사촌들까지 고향에 함께 모여 여름휴가를 보낸다. 서둘러 포항으로 내려가는 길, 기억은 10년 전으로 흘러간다.

 당시만 해도 휴대전화가 보편화하지 않았을 때라 행여 차가 막히기라도 하면 애만 태운다. 친정집 안주인인 올케언니는 손님 맞을 준비에 이른 아침부터 손놀림이 분주하다. 형부들은 늦게 오는 사람은 벌금을 내라며 첫 마디에 으름장을 놓는다. 모두 반가운 얼굴들이라 한마디씩만 인사를 해도 쉴 틈이 없다.

우리 형제들이 자주 찾는 장소는 개울물이 맑고 넓은 숲이 아름다운 영덕 옥계계곡이다. 옥계계곡은 팔각산 자락에 봉우리가 구름 낀 하늘을 향하여 첩첩이 솟아 있는 절벽이 절경이다.

관광버스 한 대에 거의 자리를 메우고 우선 먹을거리들을 실으면 버스 한 대는 만원이다. 손이 많이 가는 이런 모임은 번거로운 일을 마다하지 않고 즐겁게 나서는 언니들 덕분에 가능했다. 모임 때마다 여러 가지 과실주를 준비해 오는 둘째 언니, 자연산 회를 준비하는 넷째 언니는 바다가 가까운 곳에 산다며 준비에 소홀함이 없다.

오리고기를 담당해서 매번 베풀기를 좋아하는 사촌, 밑반찬이며 된장, 고추장 등 경쟁하듯 음식을 가지고 온다. 우선 먹을 떡시루에서 나는 김이 시장기를 부추긴다.

트럭 한쪽에 턱 하니 무게를 자랑하며 자리 잡은 쌀자루가 대가족임을 실감케 한다. 소주 상자며 반찬거리를 담은 보따리와 살림살이가 이삿짐을 방불케 하는 것도 우리 형제들의 자랑거리가 아닌가 싶다.

차 안에서는 어느새 음식 담은 접시가 나돈다. 소주를 보약이라며 내미는 입담 좋은 사촌 언니의 술잔은 아무도 내칠 수가 없다. 그동안 어떻게 지냈냐고 돌아가면서 한마디씩 하다

보면 어느새 목적지에 도착이다.

　따라온 아이들은 물놀이에 흠뻑 빠져있다. 그물을 들고 물고기를 잡고 돌을 들어내고 가재도 잡는다. 개울 옆에는 다람쥐가 먹을 것을 달라는 듯 사람을 보고 가까이 온다. 울창한 나무 위에서 울어대는 매미소리는 모처럼 만난 형제들을 시샘이라도 하듯 한층 목청을 높인다. 조금 전만 해도 옆에서 "메에" 하고 울던 염소가 불고기로, 보신탕의 뽀얀 국물로 변한다. 소주병과 막걸리 통을 비울 무렵이면 어둑어둑 땅거미가 내려오고 밤이 되면 큰 텐트를 치는데 집에서처럼 발 뻗고 편하게 잘 수는 없다 해도 그런대로 정겨운 숙소가 된다. 짐을 싣고 간 트럭에 충전하면 전깃불이 들어온다. 밝은 불을 따라 불나방과 모기떼가 날아들지만 신난 어른들은 노래 한마당을 벌인다. 나훈아가 울고 간다는 사촌 오빠의 '고향 역'을 시작으로 흥을 돋우면 우리는 둥그렇게 둘러앉고 가운데는 자연스레 무대가 된다. 곱사춤을 추는 형부, 언제 깡통을 준비했는지 각설이 타령을 뽑아대는 사촌오빠, 밤새 얼마나 두들겨 놓았는지 아침이 되면 찌그러진 양은냄비들이 냇가에 나뒹군다.

　한편에서는 고스톱 판이 벌어진다. 끼리끼리 모여 앉아 돈 따먹기 삼매경에 빠진다. 몇 명은 먹을 것을 준비하느라 부산하다. 겉으로는 돈 몇 푼에 으르렁거리지만 속마음은 후하다. 누가 따면 어떠랴. 마음으로 즐기는 오락이다. 나이가 지긋한 어른들은 살아온 이야기를 풀어 놓는다. 벌써 몇 번째 듣는 이야기도 있지만 그래도 처음 듣는 것처럼 재미있다고 박장대소를 하며 웃어준다.

술잔이 오가다 보면 지난날의 해묵은 앙금에 조상들 산소 이야기까지 나오기 마련. 때론 옥신각신 언성이 높아지기도 하지만 올케언니는 그들을 설득시키고 화해의 장으로 몰고 간다.

전날 밤의 숙취로 속이 편치 않은 사람을 위하여 어느 틈에 콩나물을 듬뿍 넣은 해장국을 끓여 내는 것도 올케언니의 몫이다.

훤칠한 키에 단아하고 고운 새댁으로 불리던 올케언니는 동네에서도 시누이 많기로 소문난 집에 외며느리로 시집왔다. 어려움이 많았겠지만 언제나 잔잔한 미소로 집안 분위기를 편안하게 했고 어른들과 시누이 사이에도 늘 의연함과 변함없는 성품으로 집안의 기둥 역할을 잘해주었다.

아흔의 시어머님을 모시고 살면서도 찾아오는 사람을 언제나 반갑게 맞이해 주고 편하게 쉬었다 갈 수 있게 해주었다. 후덕한 올케언니 덕에 시누이들은 차례가 되면 출가할 수 있었다. 예로부터 집안에는 며느리가 잘 들어와야 한다는 말이 있지 않던가. 사촌 시동생이 "하늘 아래 우리 형수 같은 사람이 없어."라고 침이 마르도록 칭찬했다. 유난히 정겹던 형제 모임, 해외여행까지는 아니더라도 해마다 빼놓지 않고 모였는데 해를 거듭하다 보니 연세가 든 형제들이 하나둘 우리 곁을 떠나신다. 이제는 우리 친형제들끼리만 단출하게 만나 지나간 세월의 무상함을 이야기하지만 아직도 고향 가는 길은 설레기만 하다.

내 마음의 숲을 가꾸며

　아침 출근 시간이면 형산강을 끼고 쭉 뻗은 도로 위에 자전거 행렬이 길게 이어졌다. 같은 유니폼에 헬멧을 쓰고 자전거를 탄 사람들은 포스코 직원들이었다. 거대한 건물 안으로 물밀듯이 들어가는 직원들을 보면서 포항이 대규모 산업단지로 거듭난 것을 실감했다.
　텔레비전을 통해 옆으로 미끄러지는 벌건 쇳덩이가 종잇장처럼 펴지는 장면을 본 적이 있다. 화면에서만 보다가 가까이에서 직접 제철 과정을 보게 되었다. 포스코를 방문했을 때였다. 먼 거리에서도 화끈한 열기를 그대로 느낄 수 있었다. 이런 큰 산업단지를 포항에 세우면서 이 고장 사람들은 물론이고 국가적으로도 엄청난 일자리가 생겼으니 많은 사람이 혜택을 누리게 되었다.
　또한 포항공과대학이 설립되면서 전국의 인재들이 자신의 꿈을 이루기 위해 달려왔으니 교육의 도시가 아닌가. 교통의 발전으로 서울에서 포항까지 고속철로 두 시간이 조금 더 걸린다. 처음 개통했을 때 옛날 생각이 나고 너무나 기뻐 나 혼자 기차에 오른 적도 있었다.

젊었던 시절 경비를 아끼려고 버스 한자리에 두 아이를 무릎 위에 앉혀서 갔다. 다리가 저리고 불편했지만 형산강이 보이면 다 왔다는 기쁨에 아팠던 다리도 다 잊었다.

오늘은 차창 밖을 내다보면서 차 한 잔의 여유를 즐기다 보니 어느새 목적지에 가까워졌다. 바쁜 일이 아니라서 그런지 너무 빨리 왔다는 생각마저 들었다. 요금이 약간 부담스럽기는 하다. 시간적 여유가 있다면 고속버스도 빠르고 편안하다. 휴게소에서 간식을 먹고 커피를 마시는 재미가 있어 기차여행에서 느낄 수 없는 또 다른 맛이 있을 듯하다.

포항에서 유명한 곳을 말하라면 단연 죽도시장을 빼놓을 수 없다. 유서 깊은 재래시장으로 규모가 크기도 하지만 싱싱한 해산물이 많다.

내가 어렸을 적에 죽도시장을 지나서 삼촌 댁에 심부름 다닐 때였다. 이 시장에서는 옛날부터 고래 고기를 팔았다고 한다. 밤늦게 시장을 지나오다 보면 작은 언덕이 여기저기 보였다. 거대한 고래가 시커먼 동산처럼 누워있었다. 덩치가 워낙 크다 보니 옮겨두기도 어려웠겠지만 누가 몰래 가져갈 수도 없기에 그냥 둔다고 했다.

다음날은 고래 해체 작업이 시작되었다. 경험이 많은 아저씨는 익숙한 솜씨로 긴 자루가 달린 칼을 들고 구경하는 사람들에게 볼거리를 선물했다. 부위별로 척척 해체하고 흥정이 끝나면 고래 고기는 인근 식당으로 팔려나갔다. 그때부터 아줌마들의 손길이 바빠졌다. 김이 솔솔 피어오르는 고기를 부위별로 광주리에 담아놓았다. 고래 고기는 열두 가지 맛이 난다고 했다. 옆에 있던 상인들이 고래 고기 접시를 앞에 두고 소주잔을 곁들이면서 이 맛은 먹어보지 않은 사람은 모른다고 했다.

시장 바닥을 기어 다니는 문어는 상인들이 들어올리기에도 힘들어 보였다. 살아있는 문어를 즉석에서 삶아 먹는 맛은 그야말로 일품이라고 했다. 팔딱팔딱 뛰던 생선도 눈 깜짝할 사이에 먹음직스러운 회로 변해 초고추장을 곁들여 먹을 생각에 침이 고였다. 회를 뜨는 아지매들의 능숙한 솜씨는 이 시장의 자랑거리였다. 생선회 중에도 물회 하면 포항이라는 말이 따라다닐 만큼 이름값을 했다. 싱싱한 생선살에 각종 채소를 곁들이고 더울 때는 취향에 따라 얼음을 넣기도 했다. 초고추장에 참기름과 꿀을 가미하면 그 맛은 금상첨화였다.

포항의 명물로 이름난 과메기는 겨울이 제철이다. 꽁치를 반으로 갈라 줄에다 죽 걸어놓으면 해풍을 맞으며 얼었다 녹기를 반복하는 동안 천천히 마른다. 마르는 과정에서 꽁치는 기름이 저절로 배어나 반지르르하고 꾸들꾸들한 과메기로 바뀌게 된다. 택배로 배달되고 세트로 주문하면 채소와 고추장이 따라온다. 이곳에서 유명한 쌈 배추와 쪽파 마늘에다 초고추장으로 푸짐하게 한 쌈 싸면 고소한 과메기의 진가를 맛볼 수 있다. 과메기를 많이 건조하는 구룡포에는 과메기 박물관도 있어서 아이들과 함께하는 체험 학습장으로 인기가 있다.

우리나라에서 맨 먼저 해가 뜨는 곳으로 알려진 호미곶에 상생의 손이 바다 위로 불끈 솟아올랐다. 새해를 맞은 관광객들에게 새 희망을 불어넣기에 조금도 손색이 없어 연말이면 숙소 예약을 서둘러야 할 만큼 찾는 이가 늘었다고 한다.

옛날의 죽도시장에 비해 오늘날은 너무나 많이 변했다. 맑은 날은 별일 없지만 비라도 오는 날에는 가장 싫은 일이 삼촌 댁 심부름이었다. 땅이 질척이는 시장을 지나가기는 정말 싫었다. 전화가 없던 시절이라 소소한 일이라도 사람이 직접 가야만 했다. 비가 많이 오는 날이면 시장 바닥은 말 그대로 죽 솥을 엎어놓은 듯했으니 발 떼어 놓기도 어려웠다. 그때는 운동화도 귀하던 터라 고무신을 신고 다닐 때도 있었다. 조심해서 가지만 어느새 진창이 신발 위로 넘쳐 들기도 했다.

그런 시장 바닥이지만 가게가 없는 노점 상인들은 용하게도 진땅을 피해 고추며 여러 가지 먹을거리들을 펼쳐 놓고 장사를 했다. 심부름이나 또래의 사촌들과 놀고 싶어 가다 보면 발그레한 찐 고구마가 좌판 위에 있었고 국화빵도 처음 봤기에 먹고 싶기도 했다.

당시의 죽도시장을 두고 마누라 없이는 살아도 장화 없이는 살 수 없다고 했다. 그랬던 죽도시장도 이제는 깨끗하고 현대식 시장으로 단장하여 전국에서 찾아오는 손님들을 맞이하고 있다. 몇 년 전만 해도 없던 터널이 많이 생기면서 대구에서 아침 찬거리를 사러 죽도시장까지 온다는 말이 실감이 난다.

　내가 태어난 산골은 학교가 멀어서 자식을 둔 부모로서는 교육문제가 여간 큰 걱정거리가 아니었을 게다. 아버지는 정든 고향을 뒤로하고 포항으로 이사를 하셨다. 농촌풍경만 보고 자란 시골아이인 내 눈높이로는 포항이 엄청난 도시였으며 신기하고 놀라웠다.

　넓은 도로 위를 달리는 많은 차와 낯선 건물에 마음이 들뜨기도 했다. 육십 년대 초에는 포항에서 가장 번화한 곳이 육거리였다. 우리가 이사한 집도 육거리에 인접한 여천동이었다. 그곳에는 시청이 자리하고 있었고 시 공관과 조흥은행도 있었다. 은행 간판도 처음 보고 시청 건물도 엄청나게 크게만 보였다. 나도 포항시민이 되었다는 자부심이 생겼다.

　아버지는 고향에서 하던 농사를 접을 수가 없어 이사 와서도 논을 사들였다. 아침이면 논에 물을 댈 때 쓰는 자루가 긴 괭이를 어깨에 메고 "논에 갔다 오마." 하며 땅을 애지중지하시던 모습이 눈에 선하다.

　그랬던 들판이 포항의 발전으로 지금은 아파트가 빼곡히 들어선 신도시로 변했다. 친정집에 모인 형제들이 아버지의 논이 어디쯤일까 하고 찾아 나섰지만 거기가 어디인지 짐작도 하기

어렵고 아버지의 추억마저도 아득히 멀어져만 갔다.
 이제 포항은 한층 더 변화한 도시가 될 것이다. 그리하여 세계인이 방문하고 싶어 하는 항구도시로 거듭날 것으로 믿는다. 꼭 그렇게 되었으면 싶다.
 항도 포항은 내 꿈의 싹들이 자라고 고향이라는 마음의 숲으로 남아있기에.

요세미티국립공원

　요세미티국립공원으로 가는 길이었다. 차창으로 보이는 산에는 나무가 없으니 바람이 분다는 것을 알 수가 없었다. 먼 산이나 가까이 보이는 산도 민둥산이었다. 마치 물범들이 떼를 지어 누워있는 형상처럼 뭉실뭉실했다. 간혹 노랗고 작은 꽃들이 무리 지어 피어있기에 눈길이 갔다.
　미국 샌프란시스코에서 승용차로 일곱 시간을 달릴 예정이니 준비를 하라는 운전자의 명령이 떨어졌다. 우리 여섯 식구는 떠날 채비를 하고 점심으로 김밥을 준비하여 차에 올랐다.
　딸네 가족 다섯 식구가 샌프란시스코로 연수를 가 있을 때였다. 아이들이 보고 싶기도 하고 아름다운 도시를 구경할 겸 태평양을 건넜다. 아파트에 산다고 하기에 한국처럼 높은 건물만 생각했는데 이삼 층이 전부였다.
　아파트라는 개념은 빌려주는 집을 말한다고 했다. 관리하는 곳이 있다 보니 집 앞까지 예쁜 꽃을 심어두고 앞뜰에는 잔디가 골프장을 보듯 깨끗하고 푸르게 조성되어있었다. 수영장이 곳곳에 있어 집에서 수영복을 입고 나가는 것은 보통 있는 일이었다. 수영장도 관리해주는 곳이 있으니 언제나 깨끗했다. 수영장 가에는 야자수가 하늘 높이 솟아 있으니 잎이 마치 또 다른 호수에 떠 있는 듯했다.

아이들은 방과 후에는 수영장에서 시간을 보내니 새까맣게 탄 얼굴이 건강해 보이고 어른들도 아이들을 따라 물에 들어가는 것이 일상이라고 했다.

샌프란시스코 중심부 금융가에는 폭포가 흐르며 깨끗하고 아름다운 휴식공간이 많았다. 따가운 햇볕 아래 일광욕을 즐기는 사람들은 햇볕을 두려워하지 않는 듯했다. 그래서 얼굴에 주근깨가 많았지만 조금도 이상하게 생각하는 사람은 없었다.

차는 계속 달려 이제 한쪽에는 해변이 있는 곳까지 왔다. 이곳은 쉬어가는 곳인 듯하여 우리도 차에서 내렸다. 수평선은 어디가 하늘이고 바다인지 아득하기만 했다.

아침에 준비한 김밥을 먹으려고 하는데 반가운 얼굴로 다가오는 사람이 있었다.

"한국에서 오셨어요."

우리말을 하는 사람을 만나니 친근감에 인사도 하고 김밥 맛도 보며 정담을 나누었다.

높아 솟아올랐다 떨어지는 파도는 가슴까지 후련했다. 흔히 파도가 하얗게 부서진다고 하는데 내 마음에는 '파도 꽃이 피었다'라고 표현하고 싶었다. 차창 밖으로 지나가는 분위기를 통해 목적지가 가까워졌다는 것을 알았다. 이렇게 앉아만 있어도 힘이 드는데 운전하는 사위는 얼마나 힘이 들까.

공원에 들어서니 메타세쿼이어 나무가 빽빽하여 하늘을 올려다보아도 끝이 보이지 않을 정도로 가물가물하다. 빼곡한 나무 사이에 뿌리째 뽑혀 벌렁 누워있는 거대한 나무도 있었다. 그 뿌리에는 수많은 묘목이 돋아나 예술이었다. 뿌리 위에 올라가 사진을 찍으면서 특별한 나무를 본 듯해서 살아있는 나무보다 더 시선을 끌었다. 삼나무라고도 하는 이 나무는 뿌리 근처가 곰 발을 닮았다고 해서 곰나무라고도 부른다고 공원 안내 지도에 쓰여 있었다.

가끔 곰이 나타난다고 했고 곰의 먹이를 담은 나무통이 보였다. 낙우송에서 나오는 피톤피드로 삼림욕을 하고 나오니 장시간을 달려왔던 피로가 풀리는 듯 아이들도 좋아서 이리 뛰고 저리 뛰니 피로한 기색은 보이지 않았다.

나오는 길은 들어갈 때와 다른 분위기였다. 길지 않은 터널로 나오게 되어있었다. 어둑어둑한 터널을 벗어나자 눈앞에 펼친 광경은 '어머나' 하고 탄성을 지르지 않을 수가 없었다. 멀리 보이는 산 모습은 세계에서 가장 크다는 화강암이었다. 신랑 신부의 모습을 하고 있었다. 신부인 듯 보이는 바위는 면사포를 쓰고 신랑은 남자의 형상으로 보였다. 그곳에 오면 기념

사진은 필수라고 모든 사람이 사진기를 동원하는 시간이기도 했다.

이제 돌아가는 길로 들어섰다. 관광코스의 하나인 폭포는 하늘에서 떨어지는 듯한 물을 볼 수가 있는데 가뭄이 들거나 계절을 잘못 만나면 못 볼 수도 있다. 그러나 우리는 운이 좋던지 엄청난 물줄기와 환상적인 장관을 볼 수 있었다. 아직도 그때의 감동이 선명하게 남아있다.

일박하고 돌아오는 길이었다. 여행에서 빼놓을 수 없는 곳이 있다고 했다. 캘리포니아 주 모노카운티에 있는 호수였다. 모노레이크는 화산활동으로 생긴 북아메리카에서 가장 오래된 호수라고 했다. 돌이 자라는 신비한 호수였다. 석회질과 무기물들이 호수 바닥에 쌓여 위로 자란다는 것이다.

물방울이 튀어 오르면 그 물방울이 굳어 생긴 바위가 여러 가지 형상을 하고 있다.

망부석이 되어 누구를 기다리는 듯하고 아기를 업고 있는 모습, 지팡이를 짚은 노인, 작은 금강산을 이루려는 듯 쌓이고 또 쌓인 모습이 기묘하여 손으로 만져보면 보기보다는 단단한 바위였다. 바위 위에는 눈이 내린 것 같이 하얗게 보이기도 하고 소금이 말라붙은 것 같기도 했다.

물에는 염분이 높아서 어류들이 살지 못한다고 했다. 겉보기에는 평화로운 이 호수도 또 찾아올 관광객에게 어떤 모습을 보여주어야 할지 고민하고 있을 것 같다.

허리 굽은 노인이 지팡이에 의지하여 다시 오라고 손짓한다면 나는 어떻게 대답할 것인가. 무엇이나 이번이 끝이라고 생각하면 아쉬움과 서운함이 남는 그런 마음이리라. 그때 사위가 "어머니, 여기 한번 서 보세요." 하면서 찍어준 사진 한 장. 내가 가장 아끼는 기념사진이다. 요세미티여행을 오래도록 기억하게 해주는 사진으로 지금까지 남아있다.

밀랍 인형 전시관에서

　영국 런던에 온 지 어느새 한 달이 다 되었다. 이렇게 오랫동안 여행을 하고 있다는 것은 엄청난 호사가 아닐까 싶다. 집을 떠난다는 것은 여러 가지 여건이 허락할 때 가능한 일이다. 반평생이 넘도록 친구들과 해외로 한번 나가본 것이 전부였었는데 이번에는 특별한 휴가를 얻었다.
　결혼하고 바로 런던으로 떠난 아들 내외가 낳아주고 키워주셔서 감사하는 마음으로 초대한다고 했다. 사실 저들도 아직 관광할 여유가 없었기에 엄마와 누나가 함께하면 좋겠다는 생각을 했단다. 좀 더 지나고 나면 아기도 생길 테니 가족이 단출할 때 오라고 했다. 인심 쓰듯 남편의 허락이 떨어졌고 딸이 한 달간 직장에서 휴가를 내어 동행해 준다니 더 바랄 것이 없었다.
　아침에 김밥을 싸고 간식거리도 준비하면서 부산한 아침이 즐거웠다. 시내 지도를 보고 자세하게 설명해 주니 힘 드는 줄도 모르고 다녔다.

한 달 동안 여행했으니 가볼 만한 곳은 거의 다 보았다고 했다. 그러면서 가장 기억에 남는 곳이 어디냐고 물었다. 사실 매일 다니다 보면 언제 어디로 갔으며 무엇을 보고 왔는지 잊어버리기도 하지만 저녁에 다시 한 번 되짚어 본 것이 도움이 되었던가 싶다.

런던의 랜드마크이자 민주주의의 상징인 빅벤은 1855년부터 157년간 제자리를 지켜왔다. 시간마다 종을 쳐 시간을 알려주는 의회 건물을 두고 이곳 사람들의 자부심이라고 했다. 그리니치 천문대의 설명을 듣고 템스강 타워브리지를 거닐며 많은 이야기도 했다.

런던 시내로 들어서면 한눈에 보이는 것이 런던아이라는 놀이기구다. 둥그런 관람용 캡슐이 서른두 개, 한 바퀴 도는데 삼십 분간 소요되며 세계에서도 가장 높은 관람차로 손꼽는다. 도심의 풍경을 한눈에 담을 만하다. 하지만 한번 탑승하기도 어렵다. 몇 시간을 기다려야 탈 수 있고 타면 삼십 분을 공중에 있어야 하니 그 또한 내키지 않아 보는 것만으로 만족하고 돌아섰다.

버킹엄 궁전, 세인트폴 대성당, 세계에서 가장 아름답다는 세인트제임스파크까지 관람했다. 런던 시가지는 고풍스러웠고 도로는 좁아 보였지만 그곳을 지나는 사람들의 모습이 활기차고 밝은 모습 또한 인상 깊었다. 이곳에서 거주할 내 가족을 생각하니 도시가 더욱 정겹게 느껴졌다.

아들이 오늘은 여행의 마지막 날이니 세상에서 가장 유명한 사람들이 많이 모여 있는 곳에 가보자고 했다. 한껏 멋을 내고 아침부터 마음이 설레었다. 입구로 들어서는 순간 놀라움을 금치 못했다. 뉴스나 영화에서 보던 사람들이 다 모여 있는 이곳은 런던에 자리하고 있는 마담 투소(Madame Tussauds)박물관이다. 200년이 넘는 역사를 자랑하는 밀랍 인형들이 가득한 이곳은 매년 200만 명의 관광객이 찾아오는 영국을 대표하는 명소였다.

이 박물관의 창립자인 마담 터소는 어릴 적에 해부학을 위한 밀랍 모형을 만들던 필립 쿠탱 박사로부터 밀랍 다루는 기술을 배웠다고 했다. 이후 프랑스 혁명이 한창일 때 교수형에 처한 귀족과 혁명 참가자들의 데스마스크를 만들게 되었다고 했다. 그 작품들로 전시회를 열고 밀랍의 수를 늘려나가게 되면서 오랜 시간이 지났다. 유명 인사의 인형이 점점 늘어나게 되었고 현재는 모든 전시품을 다섯 개의 부문으로 나누어 전시하고 있다.

세계의 유명 스포츠 스타, 영화배우, 탤런트, 정치가들과 왕족으로 전시되어 있었다. 영국 왕실의 가족이 모여 있는 곳에는 엘리자베스 여왕의 우아함과 기품 있는 모습을 느꼈다. 버킹엄 궁전 내부는 어떤 모습일까 궁금했는데 그 화려한 모습이 눈앞에 펼쳐졌다.

세상을 떠들썩하게 하고 짧은 생을 마감한 다이애나비가 아름다운 미소를 띠며 관람객을 맞았다. 생전에 그를 좋아했던 사람들이 자리를 떠날 줄 모르는 양 그 주위에는 많은 관람객이 모여 있었다. 영화배우 메릴린 먼로와 엘리자베스 테일러 같은 아름다운 모습을 사람의 손으로 빚었다는 것이 놀라울 따름이었다. 축구선수 데이비드 베컴을 지나치면 엘비스 프레슬리와 비틀스의 기타 치는 모습에서는 금방이라도 음악이 흘러나올 듯했다.

관람객이 인형을 만져보고 가까이서 기념 촬영을 하는 것을 보니 제품들이 손상이 가지 않도록 잘 제작된 듯했다. 정치가와 과학자 음악가와 여러 분야의 사람들이 서 있었다. 그 모든 사람이 생전에 알려진 이미지 그대로 자리하고 있었다.

피아노 건반에 손을 얹고 작곡을 하는 베토벤의 옆자리에 앉아서 같이 건반도 두들겨 보았다. 조지 W 부시 대통령과 같이 연설하는 모습도 따라해 보고 어릴 때 보던 추억의 배우들을 만나 악수도 청해 보고 기념사진도 찍었다.

한쪽에는 영화 촬영 중인 사람이 있어 몸을 낮추고 조심스럽게 지나고 보니 그 사람 또한 인형으로 만든 스필버그 감독이었음을 알고 현지인들의 특유 동작으로 한바탕 웃음보를 터뜨렸다.

그러나 아무리 둘러보아도 한국 사람의 인형은 보이지 않기에 아쉬움도 남았다. 외국에 나가면 누구나 애국자가 된다고는 말이 실감 났다. 아시아권에서는 성룡 같은 배우가 많은 사람의 기념사진 모델로 주목받고 있었다. 서양문화에서 시작된 밀랍 인형이긴 해도 한국 사람이 전혀 없는 것이 섭섭했다. 밀랍을 만들 정도로 존경받거나 유명한 사람이 없어서일까.

박지성의 슈팅 한 골에 대한민국이 하나가 되고 김연아의 우아한 마무리가 끝나면 우리 모두 눈물을 흘리면서 감동했던 이 두 사람도 밀랍 인형으로 만나고, 세종대왕, 이순신 장군도 자리를 하고 있었으면 얼마나 좋을까. 그래서 우리나라가 유럽 국가 어디에서라도 낯설지 않고 대한민국 하면 세계인들이 고개를 끄덕이는 그런 날이 오리라는 희망적인 마음으로 마담 투소 박물관을 나왔다.

창경궁의 아침

지난가을 어느 날, '창경궁의 아침'이라는 공연에 초대를 받았다. 무슨 공연이 아침 일곱 시에 있느냐며 갈까 말까 망설이다가 공연 제목이 좋아서 일찍 달려갔다. 창경궁의 아침을 풍요롭게 만들어 주는 행사로 일 년에 한 번 있는 귀한 시간이라고 했다. 창경궁 명정전 뒤 통명전에 자리를 잡았다.

'창경궁의 아침'은 풍류를 즐기던 옛 선조들의 문화를 같이 느껴보자는 취지에서 시작되었다. 풍류는 단순히 놀고 즐기는 문화가 아니다. 행복하고 평화로운 삶을 추구하기 위해 자연과 어우러져 나를 생각해보는 좋은 웰빙 습관이라고 했다.

창경궁 통명전, 방석 한 장 앞에 그림 같은 떡 한 접시와 빨간빛 주스 한 잔이 같이 놓여 있다. 양보다 질을 추구하는 궁중 다과다. 궁중 음식의 품격이 돋보인다.

'창경궁의 아침'은 어떻게 시작할까. 설레는 마음으로 기다렸다. 이제 막 해가 들기 시작하는 궁의 아침은 이슬을 머금은 채 촉촉이 젖어있었다. 맑은 공기 속에서 경내를 볼 수 있는 이 순간이 오래 기억될 것 같다. 건물과 분위기에 압도당한 듯 시간에 맞춰온 관객들은 조용히 공연을 기다렸다.

이 아침에 시대의 참살이(웰빙) 음악인 '풍류(風流)'를 시민들에게 전하기 위해 마련했다. 별다른 무대가 없다 보니 관객과 연주자 간의 거리가 없고 바로 앞에서 공연이 펼쳐졌다. 너무 가까운 거리이다 보니 공연하는 이의 숨결까지 느낄 수 있었다.

춘앵무(春鶯舞)는 꾀꼬리를 상징하는 노란색 앵삼에 화관을 쓰고 오색 한삼을 양손에 낀 채 추는 춤이다. 여섯 자 길이의 화문석 위에서만 공연한다. 매우 정적인 춤이다. 작고 귀여운 꾀꼬리를 표현한 궁중 무용으로 1828년 효명세자가 만든 것으로 알려져 있다.

효명세자는 어머니인 순원왕후의 40세 탄신을 축하하기 위해 이 춤을 창작했다고 한다. 지금 나이 40세면 한창 청춘인데 그 시절에는 장수로 여겨 축하했다니 새삼스럽게 격세지감을 느낀다.

간단한 요깃거리로 궁중의 떡과 마실거리가 준비돼 있다. 그렇지만 누구도 선뜻 손을 대지 못한다. 먹기에는 너무 그림 같은 음식이고 무용수와의 거리가 가깝기 때문이다. 약간의 미소를 머금고 앵무새처럼 춤을 추는 코앞에서 어떻게 음식을 먹을 수 있겠는가.

이어서 조선 시대 선비들이 풍류방에서 즐기던 음악이 성악가의 가곡(歌曲)으로 이어진다. 가야금이나 거문고, 피리, 대금, 단소, 장구 등 국악기를 갖춰 부른다. 이런 악기로 연주할 때는 두꺼운 마룻바닥에서 연주하는 게 좋다. 울림에 깊이가 있어 듣는 사람이 깊은 감명을 받게 된다.

음악에 대한 전문적 지식이 없다 해도 은은한 가락에 매료되는 시간이다. 임금님이 계시던 궁의 아침이 이렇게 시작되었던가. 앞에 놓여 있는 다과를 보면서 옛 궁궐의 음식이 생각났다. 최근 극장가에서 1,100만 명이 넘는 관람객을 동원한 영화 '광해, 왕이 된 남자'가 생각난다. 광해는 권력 다툼으로 암살의 불안감에 시달린다. 궐내 아무도 믿을 수 없게 되자 최측근인 도승지 허균을 시켜 은밀히 자신과 닮은 자를 찾을 것을 명한다.

저잣거리에서 광대 노릇을 하던 하선이란 사람이 가짜 임금 노릇을 하게 되면서 영화는 시작된다. 궁궐 생활이 낯설기만 한 하선은 궁녀들이 임금님을 위한 수라상을 들고 줄줄이 들어오자 식탐이 발동하여 사정없이 먹어치운다. 그러다가 수라간 궁녀들은 임금이 남겨 놓은 음식으로 요기한다는 것을 알게 된 후 일부러 수라를 남기는 모습이 인상적이었다.

오랜 세월이 지난 지금도 우리의 궁중 음식은 세계적으로 귀한 음식으로 대접받고 있다. 한국을 찾는 관광객이면 누구나 꼭 한번 맛보려고 한다. 궁중 음식을 알리는 데는 '대장금'이라는 드라마가 큰 역할을 했다.

이 드라마도 왕의 수라상을 둘러싼 이야기를 다루면서 많은 사람이 궁 안에서 있었던 일과 음식에 궁금증을 가지게 했다. 궁중 음식은 먼저 화려한 빛깔로 보는 이의 눈을 즐겁게 해주고 맛과 영양 또한 오감을 자극하기에 충분하다.

내가 시골에서 자랄 무렵에는 누구나 가난했고 먹을 것도 변변치 않았다. 별 것 없는 음식을 먹고도 이렇게 건강하게 살고 있는데 진수성찬의 수라상을 받았던 임금님은 왜 장수하지 못했을까 하는 생각이 든다.

음식 앞에서는 누구나 약한 것일까. 공연이 끝난 후에 보니 빈 접시들만 납작 엎드려 있었다. 창경궁의 아침을 여는 아름다운 풍류 음악을 들으며 나와 자연이 하나가 될 때 우리는 새로운 삶을 누릴 수 있다는 것을 느꼈다. 공연이 끝난 후에 창경궁의 해설자가 들려주는 말을 들으며 숲길을 걸었다. 그동안 보지 못했던 궁궐의 아침을 새롭게 맞는 순간이었다.

여행의 조건

여행을 떠나자는 말은 언제 들어도 설레기 마련이다. 여행의 조건은 누구와 언제 어디로 며칠이나 가는 것인가. 그것이 여행의 첫째 관심거리다.

이제 곧 휴가철에 접어들면 이름난 피서지는 복잡해질 것이고 도로 사정 또한 어려워질 것이다. 그런 것들을 염두에 두었는지 딸이 문득 여행을 떠나자고 했다.

"왜?"라고 물었다.

"그냥 엄마하고 둘이서 부산에 가고 싶어서."

"그래 가자."

갑자기 가슴이 설렜다.

딸이 결혼하여 남의 식구가 되었고 직장 생활까지 하다 보니 둘만의 여행이란 쉬운 일이 아니었다. 사는 곳과 가족이 다르고 생활하는 시간도 다르지만 만나는 것은 일주일이 멀다 하고 만났다. 딸네 집 살림살이인지 우리 집에서 본 것인지 헷갈리는 것이 일상생활이다. 그래도 지켜야 할 선을 지키려 하다 보니 시간을 내기란 쉬운 일이 아니었다.

부산에는 휴가라는 명분이 아니고도 형제들이 있는 곳이라서 여러 번 가봤지만 여행이라는 말은 또 다른 기분으로 다가왔다.

여름이면 각지에서 모여드는 피서객들의 명소로 소문난 해운대 바닷가에는 비치파라솔이 백사장에 주소인 듯 색깔별로 자리를 마련하고 있었다. 본격적인 휴가철이 아니라서 복잡하지는 않았다. 하지만 바다를 좋아하는 외국인들이 가족 단위로 즐기는데 아이들의 파르스름한 입술을 보니 조금은 성급하다는 느낌이 들었다. 모래사장이 다 그들의 것인 양 즐거워 보였다.

휴대전화를 꺼내 들고 이렇게 저렇게 자세를 취하라고 했다. 딸 앞에서 처지가 바뀐 듯 천진한 표정으로 웃음보가 터지기도 했다.

야경으로 소문난 광안대교는 일몰 후에 많은 사람이 찾아들었다. 대교 밑 수변공원은 수많은 사람의 산책길이고 먹고 즐기는 문화의 장으로 발 디딜 틈이 없었다. 대교 아래 수변공원에는 싱싱한 회 접시가 배달되고 젊은이들이 즐겨 먹는 치킨과 맥주를 든 배달원이 주문자를 찾아다녔다. 계속되는 파도 소리를 들으며 비릿한 갯내음과 함께 마시는 한 잔의 술은 그곳을 찾는 사람이면 누구나 즐겨 보고 싶은 마음이리라.

머리를 파리하게 밀어버린 두 분의 스님이 복잡한 사람들의 틈을 비집고 다니면서 목탁을 치며 탁발한다. 사람들은 지금 시각이 즐거운 만큼 스님들의 목탁 소리에 공손히 손을 모으는 여유로움도 보인다.

부산의 명소 중 가볼 만한 곳은 한국의 산토리니라고 불리는 감천문화마을이다. 몇 십 년 전 계단이 많아 오르기 힘들어 산복 도로라고 부르던 곳이다. 어느 분의 아이디어로 감천문화마을이라는 이름의 관광명소로 거듭났고 알록달록한 벽화에 관광객들이 사진을 찍고 싶을 만큼 예쁜 그림이 있고 바다가 보이는 멋진 곳으로 변했다. 이곳의 주민들은 작은 구멍가게들을 운영하면서 여유로운 모습으로 관광객들과 이야기도 하고 길을 안내하기도 한다.

아들보다도 딸이 더 좋다는 말이 보편화된 시대에 살고 있다. 딸이 있으면 비행기를 탄다고 했다. 외손자가 태어나고 그 아이와 같이 유럽여행을 떠나고 아이가 또 하나 태어나면서 미국여행도 했다. 딸을 둔 엄마가 누릴 수 있는 즐거움을 한껏 경험한 셈이다.

딸이 학교에 다닐 적부터 서로 약속했다.

"엄마, 내가 결혼하면 우리 집에 자주 오세요."라면서 효도 많이 하는 착한 딸이 되겠다고 했다. 그래서 엄마가 해줄 수 있는 것은 아이를 낳으면 키워줄 테니 공부나 열심히 해서 꿈을 이루라고 격려했다.

그런 약속은 머지않아 현실로 다가왔다. 아이 셋을 안겨주면서 기쁨을 주었다. 그러나 때론 아이를 키워주겠다는 약속을 지키기 위해 열심히 뛰었다. 몸이 바쁘고 힘들어 종종거릴 때도 있었지만 아이들이 다 크고 보니 그때는 할머니 역할이란 것을 잊고 또 다른 엄마로서 소임을 다하기 위해 무던히 애쓴 시간이었지 싶다.

벌써 초·중·고등학생이 된 아이들을 보면 살면서 한 일 중에서 한 가지는 잘 해냈다고 고개를 끄덕일 수 있다.

손자를 키워야 할 처지라고 걱정하는 사람이 있으면 그 일은 걱정거리라기보다 건강이 허락하는 한 가장 보람된 일이라고 말해주고 싶다. 힘든 일도 많지만 아이들로부터 얻는 즐거움은 또 다른 시간 속에서 꿈을 꾼 듯 아련하다. 너무 늦지 않는 나이에 할머니가 되게 해준 딸의 덕도 한 몫한 셈이다.

자주 만나서 할 이야기를 다 한다고 생각했는데 그래도 뭐가 남아있는지 마르지 않는 이야기의 샘을 따라가다 보니 어느새 서울역에 도착했다. 각자 집으로 가기 위해 헤어지면서 여행 자주 가자는 말을 남겼다. 돌아서는 딸의 뒷모습을 보면서 "그래 여행보험은 이렇게 들어 두는 것이 최고지."라고 웃으면서 돌아섰다.

그래야만 딸의 가족을 다 떼어놓고 가벼운 마음으로 남편과 둘만의 여행을 떠날 수 있을 것이다. 노년의 행복을 위해서.

창덕궁 달빛 기행

　올 추석에는 유난히 큰 보름달이 뜬다고 해서 작은 소망이라도 빌어보려고 마음을 먹었다. 그러나 밝은 달은 구름에서 시원하게 나오지 못했다. 아쉬운 마음이 있던 중 아이들과 함께 창덕궁 야간개장에 참석할 기회를 얻게 되었다.
　궁궐 안은 아직 달빛이 들지 않아 어두웠다. 청사초롱에 의지하여 발걸음을 옮겼다. 이어폰 속 해설사의 목소리는 너무나 차분하고 처음 걷는 밤길보다 편안함을 더해주었다. 빨리라는 말보다 천천히 조심조심이라는 말이 여러 번 들렸다.
　이 행사에 참석한 사람은 백여 명이 넘었지만 발걸음 소리도 들리지 않고 말을 하는 사람도 없었다. 그저 조용한 사람들의 무리가 움직일 따름이며, 오로지 옷깃을 스치는 미세한 소리만 들릴 뿐이었다.
　해설사의 발밑을 조심하라는 소리가 들리면 어김없이 돌의

질감을 거칠게 느낄 수 있었다. 작은 높낮음이 있어도 먼저 말해주기에 이 길을 얼마나 많이 걸었으면 이런 곳까지 다 기억하고 있을까. 고마우면서도 놀라웠다.

달밤에 대금소리를 들어보았는가. 궁궐 안 낙선재 후원 정자에서 들리는 구성진 소리에 발걸음을 저절로 멈췄다. 한 그룹으로 가던 일행이 소리 나는 곳으로 올려다보니 도포에 갓을 쓴 선비가 자신의 소리에 취한 듯 도포 자락을 가늘게 떨며 대금을 연주했다. 대금소리에 취해 걷다 보니 어디선가 또다시 거문고 소리가 고요한 정적을 깨고 들려왔다. 아마도 듣는 사람에 따라 애간장이 끓어지는 사람도 있었을 것이고 만약 혼자 가는 길이었으면 으스스하지 않았을까 하는 생각도 들었다.

안내 소리를 따라 발길을 옮기니 낮에는 지나치기 쉬웠던 문살이 불빛을 받아 각각 다른 문양으로 선명하게 되살아났다. 창덕궁 낙선재는 다양한 창살 문양으로 아름다움을 더했다. 창호지를 통하여 들어오는 밝은 빛은 넉넉한 심성 그대로를 가식 없이 보여주며 정겨움이 묻어나는 것 같았다. 사람의 시선에 따라 매우 역동적으로 움직이는 정(井)자 무늬의 창호가 낙선재 행랑채에 있었다.

태양과 반대 방향으로 도는 만(卍) 자는 석복헌 뒤뜰에 있는 한정당에 있다. 낙선재에는 자연에 순응하는 의미의 만자 무늬 창호에 복을 불러주는 박쥐 문양을 넣어 만든 화려한 문창살도 있다. 방승무늬는 마름모 고리 두 개가 서로 엮인 형상으로 단단하고 끝이 없어 끊이지 않음을 뜻한다. 창덕궁은 우리나라 궁궐 중 유일하게 유네스코 세계문화유산에 들어있다. 궁궐의 밤은 낮과는 완전히 다르다. 낮에는 보이지 않던 문창살을 하나하나 설명을 들으면서 보니 깊은 뜻이 있음을 알게 되었다.
　이 행사에서 가장 으뜸으로 꼽는 곳은 부용지 주합루다. 연못에 비친 물그림자는 숨이 멎도록 아름다웠다. 만약 주합루가 움직일 수만 있다면 자아도취에 빠지지 않았을까 하는 생각이 들었다.
　낮에 이곳에 왔을 때는 연못가에 앉아서 쉬어가는 지점으로 여겼던 곳이었지만 야간이라 아름다움을 만끽하는 순간이었다. 사진을 찍을 수 있는 시간을 충분히 준다고 했지만 물에 비친 주합루는 속내를 다 보여주고 싶지 않은 듯 서툰 사진사는 흐릿한 그림만 찍었다. 그러나 부담이 없는 전화기 덕에 모두 기념사진 찍기에 열을 올렸다. 이렇듯 어두운 곳을 사진으로나마 기록해 두고 싶었다. 육안으로는 선명하게 볼 수 없듯이 숨기려는 사람의 마음을 투명하게 알아내기란 참으로 어려울 것 같다는 생각이 들었다.
　출발했던 곳으로 나오니 공연장이 준비되어 있었다. 전통무용, 처용무, 판소리 춘향가, 전통 창작무용 '여명의 빛' 등 화려한 춤과 소리가 한밤을 수놓았다. 어두운 길을 안전하게 안내해준 사람과도 헤어질 시간이 왔다. 궁궐을 찾아주신 귀한 손님들을 모신 사람은 자신이 제조상궁, 정도는 되는 사람이라고 해서 박수가 나오기도 했다.

　공연장을 나서니 하늘엔 휘영청 밝은 보름달이 높은 나뭇가지에 걸려있었다. 보름달처럼 밝은 마음으로 살게 해 달라고 아무도 모르게 소원을 빌었다. 유난히도 큰 보름달 안에는 토끼가 떡방아를 찧고 있는 듯 선명한 그림이 보였다. 마음이 쓸쓸할 때는 위로가 되고 고향이 그리운 실향민에게는 어머니의 얼굴과도 같은 달이었다. 과학의 발달로 환상은 깨졌지만, 우리 모두의 마음속에는 토끼가 오랫동안 떡방아를 찧고 있었다.

　우리 아이들도 내가 어렸을 때 순수한 마음처럼 속아주기를 바라는 마음에서, 조금 있으면 떡가루를 뿌려줄 거라고 했더니 한술 더 떠 떡가루 받을 시늉을 하며 활짝 웃는 아이 얼굴이 슈퍼문처럼 훤했다.

긍정의 힘

　어렸을 적에 아버지는 술 한 잔은 갈증과 피로를 풀어주는 보약이라고 말씀하셨다. 그런 애주가인 남편을 보필하기에 조금도 부족함이 없는 어머니는 가양주를 담는 솜씨 또한 좋았다. 항상 밥상과 막걸리도 함께 나왔다. 그런 어머니의 정성에 아버지는 흐뭇해하셨다.
　그래서 우리 집에는 언제나 술이 떨어지지 않았다. 아버지는 술이란 좋은 음식이며 피로회복제라고 생각하셨다. 아버지의 밥상 앞에 앉아서 재미 삼아 술을 홀짝 마시는 딸을 보고 "이놈이 나를 닮아서 술을 잘 마시는구나." 하면서 껄껄 웃으셨다.
　술이란 것이 좋은 것만은 아니라는 것을 결혼 후에야 알게 되었다. 친구와 어울리는 것을 좋아하고 술을 즐기는 남편은 퇴근길에 한잔하고 거나해서 들어왔다. 그래도 술은 가장의 무거운 어깨를 어루만져주는 위로의 술이라고 생각하기로 마음먹었다. 처음에는 남자답기도 했다. 횡설수설해도 귀에 거슬리지 않았고 오히려 저런 멋도 있어야지 사회생활도 잘할 것이라 생각했다.

그러나 술을 좋아하는 사람은 본의 아니게 실수하게 된다. 득도 있고 실도 있겠지만 내가 볼 때는 잃은 것이 더 많아 보였다. 점점 술 먹는 사람이 싫어졌다. 기분이 좋아 친구와 나누는 한 잔의 술도 있고 사회생활을 하다 보면 술잔이 오가야 일이 쉽게 풀린다고 하니 이해하기로 했다. 그러나 언짢은 일이 있어 술을 마시고 늦게 집에 들어왔을 때 곤히 잠자는 아이들을 깨우거나 잔소리를 할 때는 한심하게 여겼다.

마음에 들지 않고 어이없는 소리를 할 때는 '옛날 술은 예의 바른 술인데 이 나쁜 술은 누가 만들었을까. 이런 양조회사는 다 없어졌으면….' 하고 원망도 했다. 어려웠던 시절에 '가불해서 술 마시는 재미로 살다가 월급날은 빈손이라'는 노랫말도 있듯이, 술도 조상들이 만든 좋은 음식이다. 술 때문에 젊은 시절이 곧 즐거운 일만 있는 것은 아니다.

그런데 남편은 어쩌다 집에서 술 생각이 나면 잔 두 개를 준비했다. 내가 소주는 못 마신다는 것을 아는지라 와인을 가져와 혈액순환에 좋다며 꼭 건배 제의를 했다. 그래야만 술맛이 난다는 사람이었다.

아들이 영국에 있어 보기 어렵다 보니 술자리가 그리울 때도 있는 듯했다. 남편은 가까이 있는 사위와 한 잔하고 싶었지만 사위는 술을 한 모금도 못 마시니 실망스러운 표정으로 말했다.

"사내 녀석이 술 한 잔은 할 줄 알아야지."

딸은 내가 겪었던 고생은 하지 않아도 되겠기에 사위가 내 마음에 쏙 들었다. 사위는 "제가 술을 못 마시니 아버님 술은 제가 대 드리겠습니다."

그 소리를 듣고 남편은 "아! 좋지." 하면서 흐뭇해했다.

요즘 할아버지의 술친구는 손자다. 어른 앞에서 주법을 배워야 실수하지 않는다며 앉은 자세부터, 잔을 받는 법까지 자세히 설명하고 대작했다. 손자는 대학에 가서 술자리를 많이 가졌던지 할아버지에 뒤지지 않고 주거니 받거니 하면서 대작했다. 상대가 없어 아쉬웠던 남편은 손자의 어렸을 적 이야기를 해주며 행복해했다. 그 사이에 딸도 한 잔 나도 한 잔 거들었다.

나는 아버지 앞에서 장난삼아 술을 배웠고, 딸은 아빠의 인자를 가졌는지 술을 제법 마셨다. 술을 못 먹는 사위는 슬그머니 밖으로 나가 담배를 피웠다.

그렇게 즐기던 술이지만 이제는 할아버지가 되었으니 좀 줄일 때가 되었다고 사정도 해봤다. 아직 끄떡없다고 호언장담을 하더니, 사람의 일을 누가 알겠는가. 가장 어리석은 사람이 건강 앞에 큰소리친다고 했던가.

덜컥 병원 신세를 지고 보니 지나친 음주가 화근이었다. 술한테 진 남편이 자리에 드러눕고 말았다. 며칠 동안 사경을 헤맨 날도 있었다. 영국에 있는 아들이 휴가를 내 찾아왔다. 딸은 퇴근 시간이 되기 전에 달려와 아버지의 근황을 살피고 걱정했다. 인명이 재천인지 의술의 힘이 다시 남편을 일으켜 세웠다.

어느새 일 년이 다 되었다. 술을 끊으면서 평소에 먹지 않던 군것질이 생각난다며 과자를 사 오라고 했다. 그것도 건강에 좋지 않다는 말에 그 자리에서 먹지 않겠다고 했다.

이것저것 찾다가 이제는 밥하고 약간의 과일 뿐이었다. 남편은 가끔 거실 서랍장에 있는 양주를 지그시 쳐다보았다. 술이 먹고 싶으냐고 물으니 아니라고 고개를 흔들었다.

며칠 있으면 그의 생신날이다. 다 같이 모여 식사를 하려니 요즘은 외손주들이 더 바쁘다. 식구들이 다 모일 수 있는 날에 맞춰 생일잔치를 하였다.

생일날 아침에는 둘이 마주 앉았다. 와인으로 건배를 해왔기에 "오늘은 술을 못 먹으니 어쩌지." 하니까 양주잔을 두 개 가져오라고 했다. 그리고 늘 끓여 두고 마시는 결명자차를 큰 잔으로 한 잔 따르고 작은 잔에다 한 잔씩 붓고 건배를 제의했다.

"취하니까 조금씩 음미하면서 마셔."

헛웃음이 나왔다. 그의 말대로 조금씩 천천히 마시니 취하는 듯했다. 긍정의 힘은 놀라웠다. 무를 유로 바꾸는 마법의 힘이 있다는 것을…

오랫동안 술 때문에 미웠던 남편이 순간만은 순수해 보이면서 멋있어 보였다. 앉아서 불러주던 생일축하 노래를 우리 둘은 일어서서 진심을 다해 불렀다.

막내조카

　풍년을 기다리는 가을 들녘에는 따가운 햇볕이 영양제다. 봄부터 농부들이 정성 들여 가꾸어 왔고 이제 결실을 앞두고 있다. 이런 보약 같은 햇볕도 가뭄이 들 때는 반갑지 않다. 제발 비 좀 내려 달라고 애를 태우다 급기야는 임금님이 기우제를 올리게 하는 것이 하늘이 하는 일이다.
　어느 곳에 언제 어떤 영양제를 줄 것인가가 가장 중요하다. 사람도 살다 보면 이런 약이 꼭 필요할 때가 있다. 몸이 허약하거나 마음이 외로울 때 누구에게라도 도움을 요청하고 싶을 때가 있다.
　오래전 새내기 주부가 된 내가 겪었던 일이다. 결혼 후 친인척이 아무도 없는 낯선 서울 생활을 시작하게 되었다. 딸 많은 집에서 여섯째로 태어났으니 늘 언니들 뒤에 묻어가는 성장기, 일하지 않아도 하라는 사람 없었고 부엌일을 배우라는 사람도 없었다.

어쩌면 곱게 자랐다고나 할까. 아니면 일을 가르치는 것도 귀찮았던 것이 적당한 말일 듯하다. 때로는 설거지가 하고 싶어 울었던 기억이 난다. 하지만 그건 옛날이야기다. 이제는 내가 아니면 밥을 먹을 수 없는 처지이고 보니 그야말로 난감하다.

우리가 세 들어 살던 집은 여러 가구가 같이 살았다. 종일 반찬은 무엇을 해야 할지 큰 걱정거리였다. 같은 집에 사는 아주머니를 찾아가 오늘 저녁은 어떤 국을 끓여야 할지 물어보고 시금치는 어떤 과정을 거쳐야 상에 올릴 수 있는지, 그 아주머니가 하는 음식이 나로서는 요리 선생님의 레시피였다.

그런 나를 친정어머니처럼 자상하게 일러주신 분을 지금도 잊을 수 없다. 아기를 업고 일하는 내가 힘들어 보일 때면 포대기 속 아기를 쏙 빼 가셨다. 한 번은 생선을 프라이팬에 굽다가 너무 자주 뒤집어 다 부서져 버렸다. 그걸 끌어 모아 저녁상이라고 차려주었다. 남편은 퇴근 후에 시장했는지 부산한 젓가락질을 하면서도 맛있게 먹었다.

그때는 지금처럼 외식할 줄 몰랐던지 나가서 먹고 온 기억이 거의 없다. 그럭저럭 차려주는 밥상도 티를 잡지 않았던 것이 지금 생각해도 고맙다. 그렇게 어설픈 주부가 되었으니 아이를 낳아 키운다는 것은 생각도 할 수 없었다. 그러나 준비 없이 엄마가 되고 보니 힘들고 버거웠다. 아빠라는 사람은 아기를 돌볼 줄 몰랐다. 잘 놀고 있는 아이만 예뻐서 들여다보다가도 울면 아이 운다고 나를 불러댔다.

　한 번도 도움이 되게 안아준 일이 없는데 둘째가 생기고 보니 생애 최고의 고비였다. 그때는 할머니가 아이를 돌봐준다는 말이 그렇게도 부러울 수가 없었다. 남편 퇴근 시간에 맞춰 저녁 준비를 하느라 하나는 업고 큰아이는 옆에 세워 두고 쩔쩔매면서 시간에 맞게 식사 준비를 했다. 돌아와 미소 지을 아이 아빠를 생각하면서 열심히 했다.

　그래도 지금 생각하면 그 시기에 가장 성숙해지지 않았나 하는 생각이 든다. 둘만 살다가 넷이 된 가족, 살림하는 데 큰 기술이 필요하지는 않았다. 누구나 감당할 수 있을 만큼 주어진다고 했다. 부모님은 팔 남매를 두었어도 자식들이 별 탈 없이 잘 자라지 않았던가.

　어느새 아이들의 도시락 싸는 일도 능숙해지니 학생을 둘이나 둔 학부모로서 일상이 자연스러웠다. 그럴 즈음에 아이들의 사촌이 서울로 전학을 오게 되었다. 지방에 거주하는 큰댁에는 아들만 다섯 명이었다. 다복한 집안에 아쉬움이라면 딸이 하나 없는 것이었다. 그러나 형님 내외분의 걱정은 따로 있었다.

　지방이다 보니 대학진학이 걱정거리였다. 그런데 사촌동생들이 공부를 잘한다는 것을 알고 같이 지내면 공부에 취미가 생길까 하는 생각이었을까. 생각 끝에 막내아들을 우리 집으로 보내게 되었다. 초등학교 4학년 때 와서 중학교에 진학했다. 환경이 부가마운 못했지만, 동생들과도 잘 어울리니 생각보다 어렵지 않았다.

　어린 것이 처음으로 집을 떠나왔으니 부모님과 형들 생각이 났을 테지만 내색하지 않았다. 어느 날 선생님의 면담이 있는 날이었다. 무슨 말을 하실까 긴장을 하면서 갔는데 아무래도 애는 집으로 보내는 것이 좋을 듯하다고 했다. 이렇게 하면 대학 가기가 어렵다는 담임선생님의 말씀이었다. 희망을 안고 계실 형님이 걱정되었다.

　내용을 알게 된 형님께서도 다른 길이 있을 거라며 순리에 따랐다. 학부모로서 내 역할이 부족하지 않았나 하는 자책이 오래도록 가시지 않았다.

　우리 딸과 아들은 마음먹은 대학에도 갔고 어렵잖게 취업도 했다. 그때는 나를 아는 친구들이 부러워했다. 그래서 형님께 더욱 죄송스러웠다. 집으로 내려간 조카는 그곳에서 대학을 나오고 필요한 자격증이며 모든 것을 갖추고 아버지의 뜻대로 종합기술회사를 설립했다.

　지금은 직원 수십 명을 둔 사장으로 우뚝 섰다. 놀랍고 감사할 따름이다. 사람이 살아가는데 주어진 재능이 따로 있는가 보다. 아무리 뛰어난 재주가 있어도 자신에게 맞지 않는 길을 가려면 잠재하고 있는 능력을 발휘할 수 없다.

　어떻게 생각하면 그때는 담임선생님의 조언이 섭섭하기도 하고 꿈을 안고 온 학생한테 실망을 주는 것 같아서 원망스럽기도 했었다. 더구나 희망을 걸고 계실 형님 내외분께 미안하고 면목이 없었다. 그래도 워낙 통이 크신 분이라 "다 사는 길이 따로 있다네." 하시면서 편안하게 웃으시던 형님이 생각난다. 아들 오형제를 두신 분답게 모든 것이 긍정적이었다. 사람에게 오복은 다 주지 않는다는 명언을 되씹으시더니 역시 막내아들이 그 명언에 답을 드렸다.

다섯 형제 중에 사랑만 받던 막내가 아니던가. 나름대로 훗날 큰 그릇이 될 야심이 잠재하고 있었던가 보다. 훌륭하고 자랑스러워 늘 응원한다. 공부를 잘하는 사람은 고급노예라는 유머가 있듯이 타고날 때 큰 그릇은 따로 있나 보다.

막내아들의 성공도 못 보고 돌아가신 아버지의 몫까지 작은 아버지께 효도를 다 하겠다는 고마운 조카다. 나이가 들면 누구나 약해지는 노후에 든든한 버팀목이 되어 준다. 따뜻한 말 한마디가 보약과 같은 시점에 감사함은 물론이고 속 깊은 아들을 바르게 교육한 형님께 감사드린다.

내가 할 수 있는 것은 마음으로 보내드리는 보약이다. 존경하는 형님께 온전히 전해지기를 빈다.

아들 한도반

또르르 물소리가 들린다. 마음을 다잡고 앉아 잡념을 날려 보내려 정신 줄을 힘주어 잡아당긴다. 그런데도 잠깐 사이 수십 년 전에 깊숙이 가라앉아 있던 해묵은 기억이 섬광처럼 지나간다. 이런 귀한 시간에 왜? 그뿐이랴 며칠 전 노점상 할머니께 사 온 쪽파가 오늘도 있으려나. 왜 뜬금없이 이런 생각이 드는지, 아직은 종잇장처럼 얇은 수련의 깊이 탓일 게다.

물소리에 다시 집중하니 이번에는 번득 아들 생각이 난다. 아들은 대학 시절부터 심신 단련을 위해 호흡 수련을 했다고 한다. 수련을 꾸준히 하면서, 생활 속에서 보여준 모습은 내가 알고 있었던 아들의 모습만 있는 것이 아니었다. 늘 씩씩한 모습만 보여주던 아들이, 속내에는 어떤 어려움이 있었기에 이렇게 힘든 수련을 오랫동안 할 수 있었을까. 힘들다고만 생각하는 나 자신은 아직 수련에는 철부지인가? 석문호흡이란 호흡 수련을 통해 기운을 모아 몸과 마음을 건강하게 하고, 궁극적으로 도를 이룰 수 있는 수련법이라고 한다. 다른 도반님들은 매일 즐거운 마음으로 수련하시는 것 같은데, 아직 나에게는 엄청난 인내와 지구력을 요구하는 시간이다. 수련한다고 자리에 앉은 지 몇 분 만에, 수면 삼매에 들 때면 '이 나이에 아직도…'라는 자책이 들지만, 아들은 한 번도 나무라는 말은 하지 않는다. 자기가 어릴 때 엄마가 용기를 북돋아 주고 칭찬해 주었듯이 말이다.

　오래전 엄마하고 같이 갈 데가 있다는 말에, 어디로 가는지도 모르고 따라간 곳이 수련하는 도장이었다. 아들이 등록을 해주면서 열심히 해보라고 하기에 거절할 수가 없어 '응' 했지만 혼자 다니다 흐지부지 그만두었다. 몇 해 뒤 어떤 기회가 생겨 다시 도장에 발을 들여놓게 되었지만, 열심히 하지 못하는 마음을 다잡는다는 것이 쉬운 일이 아니었다. 몇 번을 들랑거리다 보니 아직도 내 마음속의 '예'라는 대답 소리는 작지만, 이제는 철이 좀 들었나 보다. 오늘도 아들 한도반을 생각하며 물소리와 함께 호흡 삼매에 든다. 멀리 영국에 있는 아들이 잠깐이라도 시간을 내어 함께 수련하자고 하면, 어느새 호흡은 물소리를 따라 고요히 흐르고 이역만리 거리를 넘어 같은 공간 안에서 함께 수련하는 듯하다. 아들이 염려를 놓을 수 있을 때까지 청아한 물소리는 나를 인도해 줄 것이다. 아니다 이제부터는 내가 먼저 손을 내밀 것이다.

글쓰기는 인간성을 그리는 작업
– 수필집 『내 마음의 숲을 가꾸며』에 부쳐

오 병 훈 (수필가)

우리에게 가족이란 어떤 의미일까. 가족 가운데 한 명이라도 어려움이 처해 있다면 어떤 심정이겠는가. 이 책에서는 가족의 사랑과 이웃의 소중함을 독자들에게 일깨워 준다. 더구나 작가의 어머니는 늘 일만 하시는 분이셨다. 왜 안 그러겠는가. 딸 일곱을 키운다는 것이 얼마나 힘든 일이겠는가.

작가에게 있어 가족은 영원한 작품의 소재이자 극복해야 할 대상이다. 자칫하면 가족을 지나치게 미화하여 독자를 곤혹스럽게 하고 때로는 미운 감정을 드러내다 보면 가정의 불화를 불러오기도 한다. 가족 이야기를 쓰려면 신경 써야 할 것이 참으로 많다. 이 책을 쓴 황분란은 가족 이야기를 하면서도 조금도 어색하지 않고 조곤조곤 풀어낸 가정사를 통해 사랑과 우애, 교육, 건강한 사회를 만들어 가고 있다.
　어머니를 잊지 못하는 작가는 정갈하게 쪽 찐 머리를 장식했던 은비녀를 유품으로 고이 간직하고 있다. 어찌 어머니가 그립지 않겠는가.

　　어머니가 떠나신 후 당신과 함께했던 은비녀를 유품으로 간직하고 있다. 삶이 힘들거나 어머니가 그리울 때 한 번씩 꺼내 보며 위안으로 삼는다. 빛을 잃었다가도 치약으로 닦으면 빛나는 은비녀. 퍼내도 퍼내도 고갈되지 않는 어머니의 성정을 닮은 것 같다.
　　　　　　　　　　　　　　　　　　- 「어머니의 은비녀」

　어머니가 그리울 때마다 연상할 수 있는 물건을 가지고 있다는 것도 행운이라면 행운이다. 이런 것마저 가지지 못한 사람들이 얼마나 많은가. 황분란의 수필에서는 가족 간의 사랑이 대부분을 차지할 정도로 정감이 넘친다. 그래서 작품을 읽을 때마다 독자들은 따뜻한 마음을 가지게 되고 모정의 그리움을 공유하게 된다.
　휴머니즘이란 언제나 인류의 숭고한 정신적 가치를 드높이는 존재이다. 문학 작품을 통해 우리가 감동하는 것은 그 속에 인간을 존중하는 사랑이 스며있기 때문이다. 그 때문에 수필을 인간학이라 하는지 모른다. 그런 이유를 두고 본다면 황분란의 「월세방」은 성공한 작품이라 할 수 있다. 이 작품은 평범한 인간의 기록이며 체험을 바탕으로 하여 쓴 작가의 진솔한 현장

보고서이다. 세 든 사람 중에는 해병대 장교도 있고 여성국극단 단장도 있다. 또 은퇴한 배우와 한집에서 지내기도 했다. 여러 부류의 인간을 통해 세상을 바라보는 마음의 눈이 한결 부드러워졌을 거다. 작가는 여기서 자신이 직접 겪은 체험담을 털어놓았다.

> 나도 서울 생활을 위해 월세방을 찾아 헤매게 되었다. 이제 막 돌 지난 아기를 업고 산동네를 헤매던 날 서울에도 첫 한파가 찾아왔다. 매서운 겨울바람은 몸도 마음도 추운 새내기 모녀를 서럽고 힘들게 만들었다. 등에 업은 아기가 얼 것만 같아 자신이 춥다는 것은 생각할 겨를이 없었다. - 「월세방」

어렵게 월세방을 얻었으나 수도가 없어 멀리 공동수도에서 물을 길어오다 넘어지기도 했다. 모든 것이 힘들고 어려웠으나 꿋꿋하게 이겨냈다. 작은 인간 승리라고나 할까. 우리 모두 이렇게 살아왔다. 그래서 작가의 글 속에서 독자도 함께 느끼고 공감하는지 모른다. 구성에 빈틈이 없고 독자를 이야기 속으로 끌어들이는데 상당한 설득력이 있다.

이러한 작가의 현실참여는 또 다른 해석을 낳을 수 있다. 그동안 문학이 잊고 있었던 인도주의 사상의 불씨가 이 작품을 통해 다시 살아나고 있다는 사실이다. 작가는 언제나 가난하고 힘없는 사람들 틈에서 그들의 아픔을 보듬어 안아 주고 그들을 위무해 줄 수 있어야 한다. 문학은 궁극적으로 인간성을 그려내는 작업이다. 인간의 숭고한 사랑을 바탕으로 하여 작가 자신의 견해를 밝히는 작업이 곧 문학이 아니겠는가.

　작가는 작은 풀꽃에서도 마음을 빼앗기는 날카로운 감수성을 지녔다. 여성 특유의 섬세함으로 나뭇잎 하나 풀 한 포기에 마음을 주고 서로 무언의 이야기를 나눈다. 이러한 정감은 자연을 사랑하고 우리 땅, 우리 하늘과 물을 아끼고 흙을 가꿀 줄 아는 사람만이 가질 수 있다. 그러나 자연을 갈망하면서도 생활인의 범주를 벗어나지는 않았다. 그도 한 사람의 도시인일 수밖에 없었으리라. 어린 시절 기억 속에 간직한 전원생활에 대한 꿈을 버리지 못한 듯하다. 친구의 농장을 찾아가 부러운 눈으로 지켜보면서도 결국 오르지 못할 나무로 여기고 만다.

　　누구나 꿈꾸는 전원생활은 부부가 마음이 맞아야 가능하지 않을까. 우선 어느 정도의 건강이 따라야 하고 들에 있는 풀 한 포기라도 사랑스러운 마음으로 바라볼 수 있어야 가능하지 싶다.
　　　　　　　　　　　　　　　　　　　－「작은 행복」

　그렇다. 사람은 누구나 자연에서 지내고 싶은 희망을 품고 있다. 그렇지만 생각뿐 실행에 옮기기는 쉽지 않다. 생활이 점차 도시 중심으로 바뀌어 가는 때 귀향한다는 것은 어쩌면 시대를 거스르는 행위인지도 모른다. 자연 속에서 지내고 싶다고 하면서도 직장, 자녀 교육 같은 제반 문제로 도시 생활을 쉽게 바꾸지 못한다. 작가 또한 여기서 벗어나지 못하고 시골을 동경하고 있다.

최근 미디어의 발달로 글쓰기가 우리 생활에 깊이 뿌리를 내렸다. 컴퓨터가 생활필수품처럼 널리 쓰이고 인터넷의 확산으로 사이버 공간에서 자신을 표현하는 일이 이제는 전혀 낯설지 않게 되었다. 그래서 컴퓨터와 친한 젊은이들은 쉽게 글을 쓰고 글로서 자신의 견해를 밝히고 있다. 또한 사이버 공간에서 열띤 토론이 벌어지다 보니 자유롭게 자신의 견해를 피력하게 되었다. 이런 글을 모아 수필 또는 에세이라는 이름으로 쉽게 책을 출간하는 시대가 되었다.

다만 우려하는 것은 이러한 작가들일수록 너무 자만해서는 안 된다는 사실이다. 문장은 그런대로 자유롭게 구사하는 편이지만 쓴 글을 보면 문학성이 희박한 잡문 수준의 글을 수필이라고 생각하는 경향이 있다. 문장을 잘 구사한다고 해서 문학성이 있다고 말할 수는 없다. 문학성이라는 말은 예술성을 내포하고 있다는 뜻이다. 예술성은 어디서 나오는 것일까. 작가의 내면에서 우러나오는 철학적 사고에서 출발한다. 이러한 내용이 있는 글을 쓰기 위해서는 충분한 교양과 주제를 향해 파고드는 집요한 작가정신이 있어야 가능하다.

많은 신예작가가 문장을 잘 구사하면서도 작품으로 완성하지 못하는 것은 사상의 유입이 부족하기 때문이다. 사물을 그저 외형적으로 그려내는 데에만 매달리다 보니 본질을 보는 작가의 시각을 놓치게 된다.

　황분란의 수필은 전혀 그렇지 않다. 문장 기술이 정확하여 문맥이 잘 통하고 소재를 바라보는 눈이 예리하다. 깊은 사유를 통해 풀어내는 주제의식이 선명하여 누구나 쉽게 글 속으로 빠져들게 한다. 게다가 문체가 아름다워 독자를 설득하는 힘이 있다. 또한 구성이 탄탄하고 작품의 완성도가 높다. 참 좋은 글이다.